CUISINE USUELLE

CUISINE USUELLE

RECETTES CULINAIRES

REMÈDES PRATIQUES — COMPOSITIONS POUR TOILETTE

RÉUNISSANT DANS LEUR CONFECTION

LA SIMPLICITÉ ET LA PERFECTION

Par le Comte de LASTIC SAINT-JAL

OFFICIER DE LA LÉGION D'HONNEUR

ENCYCLOPÉDIE

PRIX : 4 FRANCS

OUDIN FRÈRES, LIBRAIRES-ÉDITEURS

POITIERS — 4, RUE DE L'ÉPERON, 4.

PARIS — 51, RUE BONAPARTE, 51.

1879

AVANT-PROPOS

Sans vouloir faire la critique d'un seul livre de cuisine, parmi ceux qui ont été publiés jusqu'à ce jour, je crois pouvoir préconiser l'avenir de la *Cuisine usuelle*, tant par la lucidité de son style que par la simplicité, la facilité et l'économie de son exécution.

Les recettes que contient cet ouvrage, tant pour des mets recherchés que pour ceux du petit ménage, enseignent une cuisine simple, naturelle, et toute personne n'ayant même aucune des notions élémentaires de cet art, aura bientôt appris les préceptes de la *Cuisine usuelle*, et saura les appliquer.

LE BŒUF

Les meilleurs morceaux du bœuf pour faire un bon bouillon sont : la culotte, la tranche, le gîte à la noix ; le filet mignon est bon de toute façon, on peut le mettre à toute sauce, mais son triomphe est à la broche, accompagné d'une sauce chevreuil, et il est indispensable, si l'on veut manger un bifteck tendre et succulent.

En l'absence de filet, on peut faire du bifteck avec des morceaux choisis ; mais la qualité sera toujours inférieure à celle du filet.

Pot-au-feu.

(*Relevé de potage.*)

Le pot-au-feu d'un goût parfait est plus difficile à réussir qu'on ne pense ; il est l'écueil de beaucoup de cuisinières qui se croient la science infuse de l'art culinaire, parce qu'elles savent remplir un pot de viande et d'eau, souvent sans prendre la peine de l'écumer à fond, devant un feu doux, et le suivre dans sa cuisson.

Les vieilles cuisinières, qu'on trouve le plus souvent chez les curés, sont généralement celles qui font le meilleur bouillon, par la seule raison que, n'ayant pas d'autre préoccupation que la conduite de leur pot, elles le mènent le plus doucement possible, devant un feu régulier, c'est-à-dire avec la même chaleur.

Pour faire un bon bouillon, prenez un morceau de bœuf, de même qu'il est dit plus haut; accompagnez-le d'une vieille volaille, d'un vieux lapin de garenne, d'un derrière de lièvre, d'une vieille perdrix, et vous aurez un bouillon du goût le plus fin.

Votre viande étant dans le pot, vous le remplissez d'eau, vous le salez, et vous le menez doucement, jusqu'à ce qu'il ait totalement jeté son écume, que vous enlevez soigneusement.

Le pot étant écumé, vous y mettez les légumes, beaucoup de carottes à jus, quatre brins de poireaux, un peu de chou-rave ou navet, du chou frisé, un ognon dans lequel on pique 2 ou 3 clous de girofle.

C'est après une cuisson de six heures, menée

régulièrement à un feu doux, que vous obtenez un consommé ne laissant rien à désirer, tel que l'offrait la charmante Euphrosine à son cher époux Lucullus, le plus grand épicurien de son temps !...

Bœuf bouilli.

Le bouilli du pot-au-feu ne se mange pas toujours le premier jour ; il faut donc l'utiliser par les moyens qui suivent.

On le met en miroton dans la poêle, ou avec sauce piquante, en le relevant par des ognons coupés en rouelle ; on le mange aussi en salade, accompagné de ciboules et cerfeuil ; mais un des meilleurs systèmes est de le mettre au gratin d'après la recette qui suit.

Prenez beurre ou graisse, le premier de préférence, mettez du beurre au fond d'une casserole ou braisière, dressez-y des tranches de votre bouilli, coupées très-minces, les unes sur les autres, et sur chacune d'elles mettez chapelure ou mie de pain, persil haché, sel, poivre, muscade, quelques petits morceaux de beurre, et arrosez d'un peu de bouillon.

Bœuf à la mode

(*Entrée.*)

Prenez du bœuf dans le gîte à la noix, dans la culotte ou la tranche.

Battez bien le morceau que vous voulez faire cuire, et piquez-le de gros lard.

Mettez votre bœuf dans une casserole avec un ou deux pieds de veau fendus, quelques couënnes de lard, deux gros ognons, des carottes coupées en tranches, deux feuilles de laurier, thym, 4 gousses d'ail, deux clous de girofle, persil en bouquet, sel, poivre.

Versez, sur la composition de votre casserole, un ou deux verres de bouillon, autant de vin blanc, et une cuillerée à bouche d'eau-de-vie.

Faites cuire à petit feu pendant 4 ou 5 heures, feu dessus et dessous ; passez le jus au tamis et dégraissez ; si la sauce est trop claire, mettez un peu de fécule ; ce mets, cuit au four, réussit très-bien.

Le bœuf à la mode est très-bon froid, on le mange avec sa gelée.

Filets de bœuf aux champignons

(Entrée.)

Coupez par tranches du filet de bœuf, mettez-les dans une casserole sur un feu doux, et laissez mijoter une demi-heure dans du beurre, avec sel, poivre.

Dès que la viande a pris belle couleur d'un côté, retournez-la de l'autre et achevez la cuisson.

Retirez les tranches de la casserole, et mettez dans la même casserole une cuillerée de farine que vous laissez mijoter un moment, puis mouillez avec bon bouillon, et ajoutez les champignons que vous laissez cuire pendant un quart d'heure.

Servez ensuite avec un jus de citron dans la sauce que vous versez sur vos filets, après les avoir fait réchauffer dans la casserole pendant 4 ou 5 minutes ; un petit verre de Madère ou d'eau-de-vie fait bien dans la sauce.

Entre-côte de bœuf grillée

(*Entrée.*)

Prenez une entre-côte de l'épaisseur de deux doigts et retirez-en les nerfs.

Saupoudrez de sel et poivre et mettez sur le gril à feu vif.

Votre entre-côte étant assez grillée, servez-la sur une sauce verte, avec des pommes de terre frites autour du plat, ou avec une sauce maître-d'hôtel, ou bien encore avec une sauce piquante et capres ou cornichons.

Entre-côte braisée

(*Entrée.*)

Faites revenir une entre-côte dans la casserole avec du lard coupé en dés.

Retirez votre viande dès qu'elle a pris couleur ; faites un roux et mouillez avec un verre de bouillon ; remettez l'entre-côte et le lard dans la sauce ; ajoutez carottes, ognons, gousse d'ail, sel, poivre, bouquet garni, et laissez cuire à petit feu pendant trois heures.

Dégraissez et servez.

Entre-côte Marseillaise

Faites revenir votre entre-côte, à un feu vif, et prendre couleur dans quatre à cinq cuillerées d'huile d'olive ; faites-la cuire ensuite à feu doux et versez dessus la sauce ci-après indiquée :

Jetez dans la casserole des ognons coupés en tranches minces, dans quelques cuillerées d'huile bouillante ; quand les ognons sont d'une belle couleur, mouillez avec du bouillon et ajoutez ail écrasé, sel, poivre, moutarde et filet de vinaigre.

Cette sauce ayant mijoté pendant un quart d'heure, remettez-y votre entre-côte, déjà cuite.

Langue de Bœuf

Faites blanchir la langue dans l'eau bouillante, assez pour que la peau puisse s'enlever facilement.

Faites-la cuire ensuite dans l'eau avec laurier, thym, deux gros ognons, bouquet de persil, 2 clous de girofle, et, lorsque la cuisson est faite, mettez la langue dans une casserole, où vous avez préparé une sauce piquante avec capres ou cornichons, et faites mijoter pendant une demi-heure.

Quelques personnes font cuire la langue de même que pour le pot-au-feu, avec carottes chou-rave, poireaux ; le bouillon en est un peu léger, mais assez bon, et lorsque la langue est cuite, accommodez-la comme il est dit ci-dessus, avec une sauce piquante.

Palais à la ménagère

Pour enlever la peau épaisse du palais, laissez-le tremper dans l'eau bouillante pendant dix minutes, et la peau s'enlèvera facilement.

Le palais ainsi dépouillé, lavez-le à plusieurs eaux chaudes et mettez-le ensuite dans l'eau froide, puis coupez-le par morceaux de la largeur de trois doigts.

Mettez vos morceaux de palais dans une casserole avec du lard coupé en dés, ognons, carottes, bouquet de persil, trois clous de girofle, gousse d'ail, sel, poivre, un demi-verre de bouillon, et faites cuire pendant cinq heures à feu doux, dressez ensuite vos palais en couronne sur un plat, et versez dans le milieu telle sauce que vous aurez préparée, soit piquante, tomate ou poulette, etc.

Ces palais coupés et cuits comme il est dit ci-dessus font un bon effet dans tous les ragoûts.

Gras-double à la Poitevine

Faites revenir dans la casserole avec un bon morceau de beurre en ébullition deux livres de gras-double déjà cuit par avance dans un court-bouillon fait avec de l'eau, thym, laurier, ail, ognons, bouquet de persil, sel, poivre en grains, 2 clous de girofle, et avant de mettre le gras-double dans la casserole, préparez-le comme suit :

Prenez un morceau de gras-double assez large pour former poche.

Hachez indépendamment de votre poche quelques morceaux de gras-double avec persil, ail, mie de pain, échalotes, sel, poivre, un quart de livre de beurre, et renfermez cette farce dans votre pièce de gras-double que vous cousez tout autour.

Faites roussir un instant votre gras-double dans du beurre, en veillant qu'il ne prenne pas au fond de la casserole, ce qui arrive facilement.

Lorsque le gras-double a pris bonne couleur,

retirez-le du feu et faites un roux avec le beurre qui est dans la casserole.

Lorsque le roux arrive à belle couleur, mouillez avec bouillon et deux cuillerées de vinaigre.

Cette sauce ayant bouilli quelques minutes, mettez-y votre gras-double que vous faites mijoter pendant une demi-heure.

LE VEAU

Le veau est une excellente nourriture et d'une grande ressource dans la cuisine. Les différentes manières de l'accommoder sont nombreuses; mais, pour manger du veau de bonne qualité, il faut le prendre de six semaines à deux mois, pendant qu'il est sous la mère ; plus tard, lorsqu'il mange, il prend le nom de broutar, et alors sa chair est dure et son goût moins délicat que celui du veau de lait.

Tête de veau bouillie

Pour manger une bonne tête de veau, il ne suffit pas de la mettre cuire dans une marmite pleine d'eau pure, sans aucun assaisonnement.

Pour relever la fadeur naturelle de la viande de veau, il est urgent de faire cuire la tête dans un court-bouillon composé de thym, laurier, girofle, carottes, ognon, sel et poivre en grains. La tête ainsi cuite se mange plus particulièrement à la vinaigrette.

Tête de veau en Tortue

(*Entrée.*)

Prenez une tête de veau d'une bête grasse et de peau très-blanche, et faites-la tremper pendant huit ou dix heures dans l'eau froide.

Si le temps manque, mettez la tête dans l'eau bouillante pendant 10 minutes, et, en la retirant de l'eau, frottez-la d'un citron coupé en deux.

Faites-la cuire ensuite dans une marmite pendant 4 heures avec laurier, thym, sel, poivre en grains, carottes coupées en rondelles, ail, ognon, clous de girofle. Lorsque la tête est sortie de la marmite, couvrez-la d'une sauce à la financière dans laquelle il entre des crêtes et rognons de coq, des quenelles, des truffes, des champignons, des ris de veau, des queues d'écrevisses et des culs d'artichaut.

Cette sauce est le complément de la tête en tortue ; mais, comme elle est dispendieuse, on la mange plus souvent avec une sauce piquante ou à l'huile et au vinaigre.

Oreille de veau farcie

(*Entrée.*)

Prenez des oreilles parfaitement nettoyées et faites-les bouillir comme la tête de veau.

Lorsque les oreilles sont à peu près cuites, mettez dans chacune d'elles un hachis de veau et lard, mie de pain, champignons, truffes, persil, ciboules, pointe d'ail, sel, poivre.

Les oreilles ainsi préparées, mettez-les dans une casserole où vous avez fait un roux peu foncé, mouillé de bon bouillon, dans lequel vous laissez finir de cuire les oreilles.

On arrange ensuite les oreilles autour d'un plat et on verse au centre leur sauce, qui doit être relevée par un jus de citron.

Pieds de veau

Après avoir fait cuire des pieds déjà nettoyés et blanchis par le boucher, dans un court-bouillon composé de carottes, ognon, laurier, thym, sel, poivre, on les sert communément accommodés à la poulette ou avec une sauce blonde relevée par un filet de vinaigre ou un jus de citron.

Ils se mangent aussi à la vinaigrette.

Pain de veau à la créole

(*Entrée.*)

Coupez de la rouelle de veau en tranches minces, après en avoir retiré les nerfs et les pellicules, battez chaque morceau jusqu'à ce qu'il soit réduit à l'épaisseur d'un demi-centimètre.

Enduisez de tous côtés une casserole de beurre frais et superposez-y vos tranches de viande, que vous assaisonnez par couches, de sel, poivre, muscade, épices, mie de pain passée au tamis, un peu d'ail et persil haché très-menu.

Chaque couche doit être séparée par des feuilles de lard très-minces et de petits morceaux de beurre frais ; faites cuire à chaleur douce, feu dessus et un peu dessous ; une heure de cuisson est suffisante.

Cinq minutes avant de servir, mettez un jus de citron, puis renversez le pain arrosé de sa sauce.

Fricandeau

(*Entrée.*)

Prenez plus particulièrement une noix de veau et piquez-la de lard frais.

Foncez une casserole de carottes, ognons coupés en rouelle, bouquet garni, sel, poivre, deux clous de girofle ; placez sur ce lit votre fricandeau mouillé d'un peu de bouillon, ayant soin d'arroser de temps en temps la viande avec le jus de sa cuisson.

La cuisson achevée en deux heures, passez la sauce qui n'est autre que le jus de la viande et des accessoires ajoutés au fricandeau.

Si la sauce est trop liquide, ajoutez un peu de fécule de pommes de terre, en la délayant dans un peu d'eau froide ; remettez le fricandeau dans sa sauce, et, aussitôt réchauffé, videz-le, et versez dessus son jus.

Les ris de veau font d'excellents fricandeaux, on les prépare comme la noix de veau.

Quasi aux petits pois

Désossez un quasi de veau et piquez de gros

lardons ; mettez votre viande dans une casserole avec un bon morceau de beurre frais, et laissez-lui prendre couleur.

Ajoutez persil et ciboules hachés, sel, poivre, muscade, et mouillez de bouillon.

A moitié de la cuisson, ajoutez des petits pois et finissez de faire cuire avec feu dessus, feu léger dessous. Le quasi aux petits ognons se prépare absolument de la même manière.

Tendrons à la poulette

(*Entrée.*)

Faites fondre dans une casserole un bon morceau de beurre frais et mettez-y les tendrons avec petits ognons, bouquet garni, sel, poivre, muscade.

Mouillez de temps en temps avec un peu de bouillon, sans laisser prendre couleur.

Quand les tendrons sont cuits, blanchissez votre sauce avec deux jaunes d'œufs.

Un jus de citron, du verjus ou un filet de vinaigre blanc font bien dans ce ragoût.

Escalopes de noix de veau

(*Entrée.*)

Coupez de la rouelle en tranches de la largeur de trois doigts, enlevez-en les nerfs et la graisse, battez chaque morceau et mettez-les de l'épaisseur d'un centimètre.

Faites bouillir de l'huile d'olive dans une casserole et jetez-y vos escalopes.

Lorsqu'elles sont saisies, retournez-les des deux côtés et retirez-les dès qu'elles sont cuites.

Mettez alors dans la casserole une cuillerée de chapelure, deux cuillerées de bouillon, persil haché menu, sel, poivre, puis laissez mijoter dix minutes.

Remettez les escalopes dans la casserole et ajoutez-y un jus de citron.

Cinq minutes après, servez vos escalopes mises en couronne autour d'un plat, en séparant chacune d'elles de petites tranches de pain taillées très-minces et frites dans l'huile, beurre ou graisse.

Foie de veau à la poêle

Coupez du foie de veau par tranches, mettez-le dans une poêle avec beurre, ciboules et persil hachés menu, une cuillerée de farine, un peu de bouillon.

Après cinq minutes de cuisson, ajoutez un demi-verre de vin blanc, sel, poivre, et laissez cuire dix minutes.

Ventre de veau à la paysanne

Première condition, c'est d'avoir un ventre frais et parfaitement nettoyé.

Prenez un pot de terre d'une contenance à loger tout juste ce que vous avez à y mettre, puis placez-y :

1° Une couche de ventre de deux doigts d'épaisseur ;

2° Sel, poivre, clous de girofle, quelques brins de persil, laurier-thym, quatre échalottes, deux gousses d'ail ;

3° Une autre couche de ventre de même épaisseur que la première ;

4° Une autre couche d'assaisonnement pareille à la première , et continuez ainsi par couches jusqu'à ce que lepot soit plein ;

5° Videz par-dessus de l'eau froide, jusqu'à ce qu'elle soit montée au niveau de ce qui remplit le pot, puis fermez hermétiquement pour empêcher l'évaporation ;

6° Faites cuire à petit feu pendant 5 heures.

La chaleur d'un four de boulanger, après que le pain en est retiré, suffit pour faire cuire un ventre de veau, si on le laisse dans le four du soir au matin ; ce système de cuisson réussit parfaitement.

Ce ragoût se mange avec son jus, ou à l'huile et au vinaigre.

Côtelettes en papillottes

(*Entrée.*)

Garnissez vos côtelettes des deux côtés, de mie de pain, lard, persil, ciboules, champignons, truffes, sel, poivre, le tout haché très-menu.

Garnissez vos côtelettes d'une barde de lard mince, et enveloppez-les avec soin d'un papier fort, beurré et huilé.

Faites cuire à petit feu pendant une demi-heure.

Les côtelettes qui ont été marinées pendant 24 heures dans l'huile d'olive sont toujours plus tendres.

Rissoles de veau

(Entrée.)

Faites de la pâte brisée, étendez-la très-mince avec le rouleau; mouillez légèrement votre pâte et posez dessus de distance en distance un hachis de viande ou de poisson, avec truffes, champignons, persil, ciboules, sel, poivre.

Coupez ensuite votre pâte de manière à en faire de petits chaussons, de dimension à renfermer vos petits tas de viande.

Faites frire dans la graisse ou dans l'huile.

Ris de veau au blanc

Piquez vos ris avec du lard bien frais, après les avoir retirés du lait où ils ont dû tremper pendant quelques heures.

Faute de lait, faites-les tremper pendant trois heures dans l'eau froide.

On ne saurait mettre trop de soin à dégager le ris de ses tirailles et pellicules.

Pour faire cuire, mettez dans une casserole du beurre frais et une cuillerée de farine.

Remuez jusqu'à ce que le beurre soit fondu.

Mouillez alors avec un verre de bouillon qui n'a pas été coloré, ajoutez sel, poivre blanc, muscade, ciboules, persil, et faites cuire pendant une heure.

Liez la sauce de deux jaunes d'œuf et ajoutez jus de citron.

Côtelettes aux fines herbes

Faites fondre du beurre dans la casserole et mettez-y vos côtelettes, avec sel, poivre.

Sautez-les pendant cinq minutes, ajoutez-y des fines herbes hachées menu, avec de la mie de pain passée au tamis.

Retournez vos côtelettes au bout de cinq minutes et saupoudrez-les à nouveau, comme vous avez fait de l'autre côté.

Avant de servir, mettez un jus de citron.

Côtelettes grillées

Trempez vos côtelettes dans l'huile ou beurre fondu, panez-les avec mie de pain, persil haché, sel, poivre, et mettez-les sur le gril.

Quelques petits morceaux de beurre mis dans le plat, sous les côtelettes, sont d'un bon effet.

Filets à la Provençale

Faites fondre à moitié du lard dans la casserole et faites une sauce avec du beurre manié de farine, ajoutez un demi-verre d'huile d'olive , persil, ciboules, échalottes, sel, poivre, le tout haché.

Laissez lier la sauce sur le feu.

Coupez en filets minces du veau cuit à la broche et froid, mettez-y les filets, chauffez sans qu'ils bouillent. Ajoutez un jus de citron.

On peut faire cette sauce sans lard, le beurre suffit.

Epaule à la bourgeoise

Désossez une épaule de veau, assaisonnez-la de sel, poivre, muscade, dans sa partie intérieure, et mettez-y quelques petits morceaux de beurre frais, puis roulez-la et donnez-lui une forme oblongue.

Après avoir ficelé l'épaule, mettez-la dans une casserole avec un bon morceau de beurre et faites-lui prendre, à petit feu, une belle couleur blonde.

Mouillez d'un verre de bouillon ; mettez du feu sur le couvercle et dessous la casserole en petite quantité.

Lorsque vous jugez l'épaule cuite, retirez-la du feu et versez dessus son jus, dans lequel vous avez mis un jus de citron ou 2 cuillerées de verjus.

Foie à l'italienne

Taillez du foie de veau en filets minces.

Hachez menu : persil, ciboules, carottes, champignons, gousse d'ail; ajoutez thym, laurier, basilic en bouquet ; placez au fond d'une casserole un lit de lard frais, un bon morceau de beurre, et mettez dessus une couche de foie, sel, poivre, épices, 2 cuillerées d'huile d'olive, une partie des fines herbes hachées, et ainsi de suite par couches, jusqu'à ce que le tout soit employé ; faites cuire à petit feu et retirez de la casserole votre foie dès qu'il est cuit, ce qui demande une demi-heure. Si la sauce est claire, liez-la avec fécule de pommes de terre.

Ajoutez un peu de verjus ou jus de citron, et faites-y réchauffer votre foie.

Foie à la provençale

(*Entrée.*)

Faites fondre du lard à moitié dans la casserole et mettez-y du foie coupé en tranches.

Assaisonnez de sel, de poivre, épices, thym et laurier en bouquet ; mouillez d'un demi-verre de bouillon.

Une demi-heure de cuisson suffit pour cuire le foie, retirez-le du feu et mettez dans la sauce une pincée de farine, une gousse d'ail et du persil haché.

Faites réduire la sauce, s'il y a lieu, et remettez-y le foie pendant cinq minutes.

Avant de servir, liez votre sauce avec deux jaunes d'œuf.

Cervelles à la poulette

Faites dégorger et blanchir des cervelles en les mettant dix minutes dans l'eau bouillante, avec un peu de sel et quelques cuillerées de vinaigre ; retirez-les et jetez-les dans l'eau froide.

Faites revenir de petits oignons dans le beurre et mettez de la farine dans la casserole, que vous laissez cuire sans laisser roussir.

Ajoutez un demi-verre de bouillon et autant de vin blanc, avec champignons, sel, poivre et bouquet de persil ; mettez-y les cervelles et laissez cuire pendant un quart d'heure.

Liez avec deux jaunes d'œuf.

Rognons au vin blanc

Coupez des rognons en petits dés, passez-les à la poêle dans du beurre, avec sel, poivre, ciboules, persil, hachés.

Remuez souvent, afin que les rognons ne s'attachent pas à la poêle.

Mettez une pincée de farine, faites sauter, et mouillez avec vin blanc.

Laissez mijoter pendant une heure.

LE MOUTON

Gigot à la broche

Choisissez un gigot à chair noire, graisse blanche, le manche court et petit : c'est l'indication d'une bonne espèce d'animal et d'une viande de bonne qualité.

Les petits moutons de montagne, qui mangent du serpolet, ont une viande plus parfumée que les grands moutons de plaine, qui vivent d'herbe sans saveur.

Pour manger un bon gigot, il est nécessaire de le battre et de glisser quelques gousses d'ail le long du manche; ce rôti demande à cuire à feu très-vif.

Gigot à l'anglaise

Prenez un gigot dans les mêmes conditions énoncées pour faire rôtir, enlevez-en la graisse et les peaux, qui seraient d'un mauvais effet, et après avoir enveloppé le gigot dans un linge, faites-le cuire dans un court-bouillon préparé comme suit :

Faites bouillir pendant une heure et demie deux grosses carottes, autant de gros oignons coupés en rouelle, un bouquet de persil, deux ou trois feuilles de laurier-sauce, dix gousses d'ail, une pincée de thym, deux poignées de gros sel et autant de poivre en grains.

Faites réduire ce court-bouillon jusqu'à ce qu'il n'y ait plus que juste de quoi baigner le gigot que vous plongez dans ce court-bouillon, où il doit rester de trois quarts d'heure à une heure, selon sa grosseur. Ce gigot, étant cuit comme il est dit, se mange avec une sauce blanche comme suit :

Mettez beurre et farine dans une casserole sur un feu doux, et tournez sans cesse jusqu'à ce que la sauce soit passée à l'état de pommade, puis mouillez à l'eau bouillante, à la quantité de sauce dont vous avez besoin, et tournez toujours jusqu'à ce que la sauce soit suffisamment cuite, ce qui se connaît facilement lorsqu'elle devient lourde en tournant avec la cuiller; deux minutes avant de retirer la sauce du feu, mettez un jus de citron ou verjus, sel, poivre blanc, muscade et câpres.

Gigot braisé

(*Entrée.*)

Otez l'os d'un gigot et piquez la superficie de la viande avec du lard, ficelez-le et mettez-le dans une braisière avec carottes, oignons, thym, laurier-sauce, ail, bouquet de persil, sel et poivre.

Quand le gigot a commencé à bouillir, menez-le doucement avec feu dessus, peu dessous.

Lorsque le gigot est cuit, passez la sauce au tamis, et un instant avant de le retirer du feu, liez la sauce avec de la fécule de pommes de terre, et couvrez-en votre gigot.

Gigot à l'ail

(*Entrée.*)

Le gigot à l'ail est un mets du Midi qui a son mérite: que vous fassiez cuire le gigot à la broche ou dans une braisière, c'est la sauce qui fait le ragoût.

Faites bouillir dans un pot un litre de gousses

d'ail, jusqu'à ce qu'elles puissent être mises en purée.

Mettez cette purée dans une casserole avec beurre frais, un verre de bouillon, sel, poivre ; mettez-y votre gigot et laissez cuire trois quarts d'heure avant de servir cette gasconnade.

Les naturels de la Gascogne aiment beaucoup le gigot à l'ail, et si j'en donne la recette, c'est qu'il y a des gascons partout.

Gigot à l'eau

(*Entrée.*)

Désossez un gigot, en le laissant dans son entier, mettez-le dans une casserole avec un quarteron de beurre, placez-le sur un feu doux, et faites-lui prendre couleur des deux côtés.

Mouillez avec de l'eau, et mieux avec du bouillon, mettez sel, poivre, six gousses d'ail, des carottes, des oignons coupés en rouelle et deux clous de girofle.

Faites cuire doucement entre deux feux pendant quatre heures; liez la sauce avec fécule, après l'avoir passée.

Haricot de mouton

Faites revenir dans une casserole de la poitrine de mouton coupée en morceaux, soit avec beurre ou graisse.

Retirez votre viande lorsqu'elle a pris couleur et faites un roux blond avec farine.

Mouillez avec bouillon, et mettez sel, poivre, gousses d'ail, persil.

Après deux minutes d'ébullition, remettez la viande dans sa sauce, et quand votre ragoût est à moitié cuit, mettez-y des navets passés dans la poêle ou dans la casserole, avec du beurre, jusqu'à ce qu'ils aient pris une couleur dorée, et laissez mijoter le tout ensemble pendant demi heure.

On peut aussi mettre dans le haricot des carottes coupées en rouelle, si elles sont grosses, des pommes de terre, un gros oignon entier, avec clou de girofle ; mais alors on met ces légumes avec la viande, dès qu'elle a pris son roux et reçu son bouillon.

Ne pas oublier le bouquet de persil.

Carré à la bourgeoise

Mettez dans une casserole un carré de mouton, avec bouillon, vin blanc, ail, sel, poivre, épices, clous de girofle ; ajoutez un morceau de beurre manié de farine, laissez cuire pendant une heure. et dès que la sauce vous paraît liée, mettez un jus de citron.

Côtelettes à la soubise

Garnissez le fond d'une casserole de bardes de lard frais, joignez-y un pied de veau fendu en deux, bouquet de persil, thym, laurier, ciboules, oignons, carottes, sel, poivre.

Mettez vos côtelettes sur cette préparation, en y ajoutant quelques bardes minces de truffes et de jambon ; mouillez avec un verre de vin blanc et un petit verre d'eau-de-vie.

Faites cuire à petit feu pendant une heure, ayant eu le soin de couvrir hermétiquement la casserole, afin qu'il n'y ait pas d'évaporation.

Un quart d'heure avant de retirer les côtelettes du feu, on peut mettre dans la sauce des truffes hachées menu.

Côtelettes à la jardinière

Faites mariner des côtelettes pendant vingt-quatre heures dans l'huile d'olive ; passez-les ensuite avec mie de pain, persil haché menu, gousse d'ail écrasée, et faites-les griller à feu vif ; et au moment de servir, placez vos côtelettes sur une purée de chicorée, tomate ou pommes de terre.

Côtelettes grillées

Les côtelettes grillées se préparent absolument de la même manière que celles à la jardinière, à cette seule différence que, pendant qu'elles cuisent sur un feu vif, on peut leur faire une petite sauce qui se fait à la minute, et elle n'est pas indifférente, ni à dédaigner.

Mettez dans une casserole six à huit cuillerées de bouillon gras, selon la quantité de côtelettes.

Liez cette sauce avec de la fécule déliée avec un filet de vinaigre.

Cinq minutes suffisent amplement pour faire cette sauce, que vous videz sur vos côtelettes arrangées en couronne sur un plat.

Pieds de mouton en ragoût

Faites bouillir des pieds de mouton assez longtemps pour que les os se détachent facilement de leur chair ; ces pieds doivent être cuits avec thym, laurier, sel, poivre en grains.

Etant retirés de leur court-bouillon, mettez-les dans une casserole, passez-les sur le feu avec beurre, persil haché menu, ail écrasé, clous de girofle, sel, poivre blanc.

Mouillez avec bouillon et faites réduire à peu de sauce.

Ajoutez un jus de citron, ou filet de vinaigre, et liez votre sauce avec deux jaunes d'œuf.

Rognons à la brochette

Prenez des rognons très-frais , fendez-les par le milieu, et traversez-les par une petite brochette, afin de les maintenir ouverts.

Imbibez-les d'huile d'olive , salez, poivrez et mettez-les sur le gril avec feu doux.

Quand les rognons sont cuits, versez dessus une maître-d'hôtel, où vous joignez une pointe d'ail.

Carré d'agneau à la Périgord

Passez sur le feu un carré d'agneau avec huile d'olive , persil , ciboules , champignons hachés, sel, poivre ; au bout d'un quart d'heure , transvasez l'agneau et ses accessoires dans une autre casserole foncée de tranches de jambon très-minces, et un citron coupé en tranches.

Mouillez d'un peu de bouillon et faites cuire à petit feu. Au bout d'une heure de cuisson , retirez le carré du feu et arrosez-le de sa sauce.

Agneau à la poulette

(*Entrée.*)

Faites blanchir un quartier d'agneau dans l'eau bouillante pendant cinq minutes.

Mettez dans la casserole du beurre et de la farine ; dès que la farine est délayée avec le beurre, versez dessus, peu à peu , deux verres d'eau bouillante, afin qu'elle se lie bien au beurre, et lorsque la liaison est faite, mettez votre agneau dans la sauce, avec sel , poivre , muscade, petits oignons et bouquet de persil.

La cuisson faite, liez la sauce avec deux jaunes d'œuf.

Des champignons font bien dans ce ragoût ; on peut aussi y mettre quelques feuilles d'estragon.

Le chevreau rôti

Le chevreau s'accommode tout à fait de même que l'agneau, soit à la poulette ou autrement, à cette seule différence cependant que, rôti, il gagne beaucoup à être saupoudré de mie de pain, persil et pointe d'ail.

LE COCHON

Jambon de Bayonne

Si vous tenez à manger un bon jambon qui soit tendre, prenez celui d'un jeune cochon de race limousine ou craonais, la viande des cochons de race anglaise ayant la chair moins goûtée et toujours enveloppée d'une couche de graisse exagérée.

Selon la grosseur du jambon, saupoudrez-le de 50 à 60 grammes de salpêtre, tout particulièrement du côté de la chair, et enveloppez-le complétement d'une couche épaisse de gros sel.

Après douze à quinze jours de salaison, mettez le jambon sous presse et chargez-le fortement sur toutes ses parties. Après huit jours de cette presse, exposez-le pendant une heure à une fumée épaisse de genévrier en grains, s'il est possible ; ces grains donnent du parfum à la viande ;

pendez ensuite le jambon enveloppé d'un linge et placé dans un endroit sec.

Cuisson du jambon pour être mangé froid.

Pour faire cuire le jambon en partie ou en totalité, enveloppez-le dans un linge fin et mettez-le dans une marmite, entouré de foin naturel odorant.

Mouillez d'un litre de vin blanc ou rouge avec assez d'eau pour couvrir le jambon, et ajoutez thym, laurier, girofle et poivre en grains.

Faites cuire à petit feu pendant quatre à cinq heures, selon la grosseur.

Afin de donner plus de couleur vermeille à la chair du jambon, ajoutez au court-bouillon une demi-once de salpêtre.

Le jambon cuit, mettez-le, tout chaud, dans un moule, la couenne en bas, afin de lui donner une forme ronde ; étant renversé, saupoudrez-le de chapelure.

Fromage de cochon à la limousine.

Nettoyez la tête d'un cochon, épilez avec soin sa peau et enlevez toute la chair de dessus les os, sans en oublier le groin ou museau, qui est une de ses meilleures parties. La tête ainsi préparée et coupée en morceaux, mettez-la dans un pot de terre, avec sel, poivre en grains, quatre-épices, thym, laurier, persil en bouquet, et remplissez le pot de vos morceaux de tête jusqu'à l'orifice, puis mettez de l'eau jusqu'au haut du pot.

Fermez hermétiquement et faites cuire devant un feu doux pendant cinq heures, ou dans le four du boulanger, dès que le pain en est retiré.

Lorsque la viande est cuite, au point de perdre toute résistance en se détachant facilement des os, videz-la dans un vase, de manière à pouvoir choisir chaque morceau, que l'on place dans un moule, en prenant le soin que le côté de la couenne forme le dessus du fromage, et qui se trouve dessus lorsque la tête est renversée.

Lorsque tous les morceaux du fromage sont placés, versez un peu de son jus qui, formant gelée, marbrera la tête lorsqu'elle sera froide.

Quelques truffes dans le pot qui fait cuire la tête, une heure avant la fin de la cuisson, forment le complément de la bonté de ce plat, qui est véritablement joli et parfait.

Pieds à la Sainte-Ménéhould.

(*Entrée.*)

Quand des pieds de cochon sont appropriés, échaudés, fendez-les en long et mettez-les dans une marmite, avec sel, poivre en grains, thym, laurier, bouquet de persil, basilic, gousse d'ail.

Remplissez la marmite d'eau froide et faites cuire pendant six heures, jusqu'à ce que la chair se dépouille facilement des os.

Une fois cuits, trempez-les dans l'huile d'olive, passez-les avec mie de pain, persil haché menu, et les faites griller sur un feu vif, en les retournant souvent.

Langue fumée et fourrée

(*Hors-d'œuvre.*)

Otez le plus gros du cornet, échaudez ensuite la langue, afin de lui enlever la première peau, mettez-la dans une terrine, avec sel, poivre, thym, laurier, graines de genièvre, pendant huit jours, ayant le soin de la tenir dans un endroit frais sans être humide.

Au bout de ce temps, retirez la langue de la terrine, égouttez-la et fourrez-la dans un boyau.

Faites fumer dans la cheminée, et mieux à la fumée de genévrier.

Faites cuire comme un jambon et mangez froid.

Boudin noir

(*Hors-d'œuvre.*)

Hachez une douzaine de gros oignons pour le sang d'un gros cochon, et faires-les cuire dans une casserole avec du saindoux jusqu'à ce qu'ils soient fondus à l'état de purée, mais sans roussir, ce qu'on obtient en couvrant hermétiquement la casserole et en les tournant souvent avec la cuiller de bois ; vos oignons étant fondus , ajoutez-y trois livres de panne coupée en dés, dont vous ôtez les fibres.

Laissez cuire une demi-heure le hachis que vous avez à mettre dans vos boudins, où vous avez mis sel, poivre, muscade, épices, un demi-litre de crème et le sang que vous avez à y mettre.

Mêlez bien le tout, et après cette demi-heure de cuisson, coulez cette préparation dans les boyaux.

Avant de mettre les boudins dans l'eau qui va les cuire, piquez-les avec une épingle pour les empêcher de crever.

Pour faire cuire les boudins, ayez dans un chaudron de l'eau près de l'ébullition ; coulez-y vos boudins et laissez-les cuire, sans qu'ils bouillent, pendant dix minutes.

Si, en les piquant avec une épingle, il n'en sort que de la graisse, les boudins sont cuits.

Alors vous les sortez de l'eau et les égouttez sur un linge.

Pour donner du lustre aux boudins, frottez-les avec une couenne un peu grasse.

Le boudin se mange frit dans la poêle, mais il est meilleur sur le gril.

Boudin blanc

Coupez en dés six gros oignons blancs, et faites-leur prendre un bouillon dans l'eau chaude.

Faites-les cuire ensuite dans une casserole avec demi-livre de saindoux, sans qu'ils prennent couleur.

Hachez et pilez de la panne, autant de chair de volaille cuite à la broche, tout particulièrement les blancs, et, en l'absence de cette viande, prenez de la rouelle de veau ou de cochon.

Mettez autant de mie de pain imbibée de crème ou de lait, qu'il y a de viande.

Délayez le tout avec six jaunes d'œuf, sel, muscade, poivre blanc, un quart de crème bien fraîche.

Versez tout cela dans la casserole où sont les oignons ; le mélange étant bien fait, entonnez les boudins dans des boyaux, et faites cuire dans l'eau un quart d'heure, à petit bouillon.

Andouille à la paysanne

(*Hors-d'œuvre.*)

La première condition pour manger une bonne andouille est d'avoir des boyaux frais et parfaitement nettoyés.

Avant de faire l'andouille, assaisonnez les boyaux avec sel, poivre, épices, laurier-thym, et laissez-les ainsi mariner pendant trois ou quatre jours.

Après ce temps, vous remplissez les gros boyaux avec les petits, et vous les faites cuire dans une marmite avec de l'eau pendant quatre heures.

L'andouille ainsi préparée se mange sur le gril.

On la mange aussi froide comme du saucisson, mais, dans ce cas, il faut la ficeler avant la cuisson.

VOLAILLES DE BASSE-COUR

Dindon à la broche

Le dindonneau rôti à la broche devant un feu de cheminée est un mets des plus délicieux et justement recherché pour les meilleures tables.

La meilleure époque pour manger le jeune dindon est pendant les mois de septembre et octobre.

Le dindonneau demande à être cuit à feu doux, une heure suffit.

Le dindon adulte est bon rôti, lorsqu'il est gras ; il se mange en novembre, décembre et janvier, plus tard même si c'est une dinde, et dans ces derniers mois, on les bourre de truffes, de pommes de terre et marrons écrasés avec chair à saucisse et passés dans la casserole avec du saindoux.

Le dindonneau se sert sur du cresson.

Dinde en daube

Prenez une vieille dinde, et placez-la dans une braisière sur des bardes de lard très-minces, avec deux pieds de veau fendus en deux.

Mouillez avec eau ou bouillon, deux cuillerées d'eau-de-vie, sel, poivre, 2 clous de girofle, persil, thym, laurier, carottes, oignons, deux gousses d'ail.

Couvrez hermétiquement la braisière et faites cuire à petit feu pendant cinq heures, en ayant le soin de retourner la dinde vers le milieu de la cuisson.

Si vous voulez manger votre daube froide avec gelée, mettez dans la cuisson 3 ou 4 feuilles de gélatine blanche, et vous aurez une gelée ferme.

Fricassée de poulet au blanc

Le poulet n'est vraiment bon que lorsqu'il a été mis en cage et engraissé ; celui qui court les champs conserve intérieurement une petite odeur qui lui ôte de sa qualité.

Le poulet étant parfaitement plumassé et vidé

avec précaution, coupez-le en morceaux, ou laissez-le dans son entier, ce qui est plus de cérémonie.

Faites tremper le poulet dans l'eau froide pendant une heure, afin d'en épurer le sang et blanchir la chair.

Aussitôt égoutté, mettez dans une casserole du beurre frais et une cuillerée de farine.

Remuez jusqu'à ce que le beurre soit fondu, et mouillez avec de l'eau chaude.

Ajoutez sel, poivre blanc, bouquet de persil, muscade râpée, quelques feuilles d'estragon, et mettez le poulet dans sa sauce.

Faites cuire pendant une heure sur un feu doux, et plus si le sujet est déjà vieux.

Liez la sauce avec deux jaunes d'œuf et ajoutez jus de citron, verjus ou filet de vinaigre.

Les petits oignons et les culs d'artichaut cuits dans la sauce sont d'un excellent effet.

Pour bien blanchir le poulet que l'on veut conserver entier, il est nécessaire de le tremper 3 ou 4 minutes dans l'eau bouillante.

Poulet au roux à la paysanne

(*Entrée.*)

Prenez un poulet en bonne chair, coupez-le en

morceaux et faites-le roussir dans la graisse ou dans le beurre.

Lorsqu'il a pris couleur, retirez-le, et mettez dans la casserole une cuillerée de farine, sel, poivre, persil haché, oignons coupésen petits dés, tournez pendant 8 minutes et mouillez avec eau ou bouillon.

Remettez le poulet dans sa sauce avec quelques ceps desséchés, et faites cuire pendant une heureet demie.

Poulet à la tartare

(*Entrée.*)

Prenez un poulet gras, fendez-le du côté de l'estomac d'un bout à l'autre, et ouvrez-le tout entier afin de pouvoir l'aplatir avec le couperet.

Mettez le poulet revenir dans une casserole, avec beurre, persil, ciboules hachées, sel, poivre, et pour finir de le faire cuire, mettez-le sur le gril à feu doux, pendant un quart d'heure, et servez-le sur une sauce tartare ainsi préparée.

Mélanger d'huile d'olive, filets de vinaigre, moutarde, échalottes, estragon, cerfeuil, hachés très-menu.

Poulet Marengo

(*Entrée.*)

Dépeçez un poulet et mettez-le à la casserole avec un bon morceau de beurre et huile d'olive.

Mettez d'abord les deux cuisses, et sept ou huit minutes après, le reste de la volaille, avec sel, poivre.

Dès que le poulet a pris couleur, mouillez d'un verre de vin blanc et ajoutez des champignons, des truffes, un bouquet de persil.

Lorsque le poulet est cuit, faites pocher quelques œufs dans l'huile ou le beurre, et ajoutez-les au ragoût.

Dinde aux truffes

(*Broche.*)

Prenez une dinde grasse, à graisse blanche de préférence, et videz-la promptement.

Choisissez cinq livres de truffes de bonne qualité, brossez-les dans l'eau et les épluchez avec soin.

Ces épluchures et les moins belles de vos truffes seront hachées avec une livre de panne de cochon, que vous remettez avec les truffes entières et sel, poivre, épices.

Laissez mijoter sur un feu doux pendant un quart d'heure.

Retirez vos truffes du feu et mettez-les toutes chaudes dans le corps de la dinde et dans le jabot.

Recousez les ouvertures et laissez la dinde se parfumer pendant quatre ou six jours, selon la température.

Pour faire rôtir la dinde devant un feu de cheminée, enveloppez-la d'un papier fortement beurré ou huilé ; deux heures de cuisson sont suffisantes.

Lorsqu'on juge la dinde à peu près cuite, ôtez le papier qui l'entoure, afin de lui laisser prendre un peu de couleur.

La dinde truffée se sert avec son jus seul ou avec une sauce Périgueux, facile à faire comme suit... : c'est tout simplement de hacher quelques truffes que vous faites mijoter quelques instants dans le jus de la dinde, et si ce jus est trop court, on peut y ajouter quelques cuillerées de bon bouillon gras.

Fricassée de poulet promptement faite

Coupez un poulet en morceaux, passez-le dans le beurre ou graisse en ébullition, il sera promptement cuit ; retirez-le et mettez dans la casserole des champignons, sel, poivre, persil, échalottes hachées, épices, que vous passez un instant sur le feu.

Mouillez d'un verre de vin blanc et faites réduire à feu vif ; remettez le poulet dans sa sauce pendant cinq minutes.

Sauté de poulet

(*Entrée.*)

Coupez en morceaux un poulet et faites-le sauter dans la poêle, avec beurre ou graisse, à feu vif.

Lorsque le poulet est cuit à moitié, assaisonnez de sel, poivre, quatre cuillerées de bouillon et une d'eau-de-vie ; on peut y ajouter du persil haché menu.

Une demi-heure suffit pour la cuisson de ce ragoût.

LE CANARD

Le canard est un mets recherché lorsqu'il est jeune et gras ; à Paris, surtout, on le baptise du nom de canneton de Rouen, bien que, la plupart du temps, il soit originaire des marais de la Vendée et autres ; le canneton fait un excellent rôti, et le canard adulte se mange de différentes manières.

Canard aux navets

Faites roussir de petits navets dans une casserole avec du beurre frais et une cuillerée de sucre en poudre; dès qu'ils ont pris une couleur dorée, retirez-les du feu, et remplacez-les par votre canard, que vous faites roussir jusqu'à ce qu'il ait pris bonne couleur.

Après avoir nettoyé le fond de la casserole,

faites un roux avec du beurre, un peu de farine, et mouillez avec du bouillon.

Au bout de cinq minutes, mettez le canard dans sa sauce, avec bouquet de persil, sel, poivre, et les navets qui finissent de cuire avec le canard.

Si la sauce n'est pas assez colorée, on peut y mettre du caramel.

Canard aux olives

Faites revenir dans la casserole avec du beurre un canard gras.

Quand il a pris belle couleur, mettez un peu de farine que vous tournez pour en faire un roux, et mouillez avec bouillon ; mettez sel, poivre.

Pendant que le canard fait sa cuisson, faites blanchir des olives, après en avoir ôté les noyaux, et mettez-les dans la sauce où est le canard.

Achevez de faire cuire et dressez la volaille sur un plat, en mettant les olives alentour.

Canard à l'italienne

Faites roussir un canard dans du beurre pendant un quart d'heure ; mouillez avec un verre de bouillon , autant de vin blanc, sel, poivre.

Retirez le canard de la sauce, à laquelle vous ajoutez deux cuillerées d'huile d'olive , persil, ciboules, gousse d'ail et champignons hachés menu.

Avant de servir, liez la sauce avec fécule de pomme de terre délayée dans un peu d'eau froide.

Canneton aux petits pois

Passez le canneton à la casserole avec beurre et lard coupé en dés, et faites-lui prendre couleur.

Retirez de la casserole le lard et le canneton ; faites un roux avec une cuillerée de farine , et mouillez avec du bouillon.

Remettez le canneton dans la casserole, avec un

litre de petits pois des plus tendres, un bouquet de persil, sel, poivre, sarriette et six petits oignons.

Faites cuire à petit feu pendant une heure.

LE PIGEON

Le pigeon est un bon oiseau lorsqu'il est jeune et gras, et tout particulièrement le bizai ou pigeon de fuie : cet oiseau, vivant presqu'à l'état sauvage, est très-supérieur au pigeon mignon, qui, bien que plus gros et beaucoup mieux nourri, est cependant moins délicat ; sa chair est plus dure et son goût moins fin.

Pigeonneau rôti

Le jeune pigeon fait un bon rôti, lorsqu'il est gras, mais alors il faut le sortir du nid avant que toutes ses plumes soient épanouies : c'est le moment où il est tendre, tandis qu'en vieillissant sa chaire devient sèche et dure.

Il faut toujours barder le pigeon de lard frais.

Pigeon à la crapaudine

Fendez le pigeon par le dos, et garnissez son intérieur d'une farce composée de son foie, gésier, lard frais, mie de pain, persil, ciboules hachées menu, sel et poivre. Ainsi préparé, mettez votre pigeon sur le gril et faites cuire à petit feu.

Le pigeon à la crapaudine se sert sur une sauce verte composée de moutarde, verjus ou vinaigre, sel, poivre, échalottes, persil haché et beurre fondu dans la casserole.

Pigeon en compote

Mettez dans une casserole du lard coupé en petits dés, faites-y roussir des pigeons en entier, et retirez-les ainsi que le lard, dès qu'ils ont pris couleur.

Faites un roux blond avec de la farine; mouillez de bouillon, et mettez sel, poivre, petits oignons, bouquet de persil et champignons.

Remettez les pigeons et le lard dans la casserole et faites cuire doucement.

Pigeons à la Saint-Lambert

Faites mariner vos pigeons avec huile d'olive, jus de citron, thym, laurier, sel, poivre.

Faites revenir dans une casserole du lard coupé en petits dés, en y joignant un peu de beurre.

Mettez-y cuire vos pigeons dans leur entier, ayant le soin de les retourner souvent.

A moitié de la cuisson, ajoutez du bouillon, un petit verre d'eau-de-vie et sa marinade, sans le thym, ni le laurier.

Conserves d'oie ou de canard à la Poitevine

Prenez des oies finement engraissées, saignées avec soin, et plumées jusqu'à parfaite propreté.

Après avoir enlevé les cous, les ailerons et les pattes, fendez vos oies sur le dos dans toute la longueur de l'oiseau ; dépouillez le corps de toute sa chair et divisez les quatre membres en quatre parties égales.

Assaisonnez de sel, poivre, quatre-épices, et, par oie, mettez dix grammes de salpêtre, également répandus sur chaque membre, et plus particulièrement du côté de la chair.

Entassez dans un vase les membres ainsi préparés et mis par couches ; intercalez entre chacun d'eux quelques feuilles de laurier-sauce et un peu de thym.

Laissez mariner pendant quatre à cinq jours.

Cuisson des conserves

Pour faire cuire les membres d'oie, coupez à petits dés 25 grammes de panne de cochon, faites-la fondre dans une chaudière ou bassine en cuivre, et mettez-y les membres avant que la graisse ne soit en ébullition. Faites mijoter à petit feu pendant trois heures, en remuant souvent les membres pour les empêcher de prendre au fond de la bassine.

Du moment qu'une paille pourra facilement pénétrer dans la viande, retirez du feu les conserves et mettez-les dans des pots de terre vernissés ou de grès, que vous remplissez de la graisse bouillante, de manière à couvrir entièrement les conserves ; car, si la chair ou l'os du membre dominait la graisse, on serait certain d'avoir de la moisissure , ce qui ferait rancir la totalité du pot.

Les membres d'oie ou de canard ainsi préparés se mangent froids comme du jambon, mais le plus souvent frits dans la poêle avec du persil en brins.

Les foies d'oie, préparés comme les membres et cuits comme eux, en moins de temps cependant, sont un très-bon manger.

Les conserves préparées comme celles-ci se font aussi cuire au bain-marie ; c'est un très-bon système, mais il exige plus de temps et de soin pour la cuisson.

Pour avoir des conserves tendres, choisissez de jeunes oies.

GIBIER A POILS

LE LIÈVRE

Les lièvres de montagne et de plaine sont meilleurs que ceux des marais ou lieux marécageux.

Le grand lièvre haut sur pattes, dont le pelage tire sur le jaune, est souvent dur et sans saveur, tandis que le petit lièvre bas sur jambes et de poil tirant sur le rouge est tendre et succulent.

Les lièvres qui habitent les terrains humides sont dits ladres et de mauvais goût.

Lièvre rôti à la broche

Le lièvre à la broche doit être bardé de lard ; le piqué en fait sortir le jus et rend la viande sèche ; dans tous les cas, le lièvre à la broche demande, par sa nature, à être souvent arrosé de graisse fraîche.

Sa cuisson doit se faire vite ; le lièvre, n'ayant pas d'épaisseur, veut être saisi, afin de concentrer en lui le peu de jus que la nature lui donne.

C'est pourquoi le lièvre, ayant une chair sèche, réclame une sauce, et à cet effet il en a été inventé une qu'on appelle sauce du chasseur ; elle se fait comme suit : mettez dans une casserole du saindoux et quelques dés de lard frais.

Au bout de cinq minutes, ajoutez des échalottes hachées que vous laissez seulement pendant deux minutes dans la graisse.

Mouillez, moitié bouillon, moitié vinaigre, sel, poivre, et deux grosses têtes d'ail écrasées, qui ont été cuites sous la cendre.

Joignez y le foie du lièvre, cuit sur la pelle à feu, et bien écrasé ; un quart d'heure après avoir mis le foie dans la sauce, on y ajoute le sang de l'animal qui ne doit mijoter que 3 ou 4 minutes.

Pour que cette sauce soit appréciée des chasseurs, il faut qu'elle soit fortement relevée par le poivre et le piment.

Lièvre à la Royale

Foncez une braisière de bon lard coupé en bardes minces et de carottes coupées en rouelles.

Placez le lièvre sur cette préparation, après lui avoir rempli le corps d'une farce bien assaisonnée de viande de veau, cochon, volailles et quelques truffes.

Flanquez votre lièvre de deux pieds de veau ou de cochon, et mouillez avec un verre de vin blanc, un petit verre d'eau-de-vie et de l'eau, de manière à recouvrir entièrement le contenu de la braisière.

Ajoutez un bouquet de persil, 3 ou 4 clous de girofle, thym, laurier-sauce, 2 gros oignons, épices, sel, poivre en grains.

Couvrez hermétiquement la braisière, afin qu'il n'y ait pas d'évaporation, et faites cuire à petit feu pendant quatre ou cinq heures, avec plus de feu dessus que dessous la braisière.

Un quart d'heure avant de retirer du feu votre lièvre, mettez-y 4 feuilles de gélatine blanche, qui vous donneront une gelée très-ferme.

Cette daube se mange froide, garnie de sa gelée, et pour obtenir cette gelée pure et brillante, passez la cuisson et dégraissez.

Fouettez ensuite, comme pour faire une omelette, cinq ou six œufs, blanc et jaune, jusqu'à ce que la mousse soit devenue presque ferme.

Vous réunissez alors vos œufs à la cuisson et vous mettez votre casserole sur un bon feu, toujours en fouettant doucement jusqu'au moment de l'ébullition.

Vous retirez alors votre casserole sur le bord du fourneau, vous la couvrez et mettez du feu sur le couvercle, de manière à faire bouillir le plus doucement possible pendant une demi-heure.

Cela fait, tendez une serviette fine sur les quatre pieds d'une chaise renversée, avec un vase dessous, et vous versez votre gelée dans la serviette qui fait poche.

Lorsque cette gelée est froide et que le lièvre va être servi, entourez-le de sa gelée, dont vous lui faites un manteau.

Civet de Lièvre

Coupez du lard frais en gros dés et ne craignez pas d'en mettre : le lièvre, étant maigre par sa nature, veut que son civet soit fortement nourri.

Le lard étant passé un instant dans la casserole, joignez-y le lièvre coupé en morceaux.

Assaisonnez de sel, poivre, épices, ail, petits oignons, thym, laurier.

Après dix minutes de cuisson sur un feu vif,

mouillez avec vin blanc ou rouge et bouillon, petit verre d'eau-de-vie.

Un civet n'est bon qu'autant qu'il a mijoté longtemps, quatre et cinq heures, sur un feu doux.

Dix minutes avant de retirer le civet du feu, liez la sauce avec le sang du lièvre.

Si le sang du lièvre fait défaut, on peut se servir de sang de volaille, et au besoin de fécule de pomme de terre, si la sauce est trop claire.

Ragoût de Lièvre

Prenez un lièvre tout frais tué, depecez-le par morceaux comme pour faire un civet, et mettez-le dans un chaudron, avec un quart de livre de bon lard coupé en dés, le sang du lièvre, bouquet de persil, un oignon coupé en rouelles, sel, beaucoup de poivre, quatre gousses d'ail, un demi-litre de bon vin rouge et un petit verre d'eau-de-vie.

Accrochez le chaudron à la crémaillère, sur un feu clair et ardent, de manière à ce que la flamme entoure le chaudron et qu'au premier bouillon le vin s'enflamme.

Quand le vin a cessé de brûler, roulez une demi-livre de beurre frais dans de la farine, et mettez dans la sauce du lièvre ; une demi-heure de cuisson suffit, si le feu n'a pas cessé d'être vif.

5

Pâté de Lièvre en terrine

Le lièvre mort depuis longtemps a toujours une odeur forte, qui ne serait pas agréable en pâté ; il faut donc qu'il soit frais tué.

Le lièvre étant désossé, la partie de derrière de préférence, hachez avec cette viande, une livre de rouelle de veau, autant de porc frais, un quart de bœuf pris dans la noix, et demi-livre panne de cochon ; persil, ciboules, sel, poivre, épices, et une gousse d'ail écrasée, pour qui en aime le parfum.

Placez au fond de votre pâtissière des bardes de lard ; mettez sel, poivre, épices, deux feuilles de laurier et votre viande.

Votre terrine étant pleine, versez dessus un petit verre d'eau-de-vie, et couvrez de bandes de lard la superficie du pâté.

Fermez soigneusement votre pâtissière, en entourant le couvercle de pâte.

Faites cuire au four de boulanger pendant quatre heures, après que le pain en a été retiré, et faute de four, faites cuire entre deux feux doux.

Levraut au chasseur

Faites mariner un levraut avec de l'huile d'olive, jus de citron, laurier-thym.

Faites revenir dans une casserole de petits dés de lard avec du beurre frais.

Mettez-y cuire le levraut dans son entier, avec sel, poivre, épices, et retournez-le souvent.

A moitié de la cuisson, ajoutez demi-verre de bouillon, autant de vin blanc, petit verre d'eau-de-vie, et continuez sa cuisson ; au bout d'un quart d'heure, servez le levraut sur sa sauce.

Le levraut se mange en caisse, et à la crapaudine, en faisant pour lui ce qui est admis pour le pigeon.

LE CHEVREUIL

Pour manger un bon chevreuil, il faut le tuer au fusil ; le chevreuil forcé qui meurt d'apoplexie prend un mauvais goût et sa chair est sanguinolente.

Le devant du chevreuil se mange en civet ; le foie, le cœur, en sauce piquante. Le sang se mange en omelette par les chasseurs amateurs ; mais, en réalité, la renommée de la viande du chevreuil n'existe que dans les filets et les gigots.

Gigot de Chevreuil

Parez un gigot de chevreuil, c'est-à-dire nettoyez-le de ses peaux et de ses fibres, puis faites-le mariner vingt-quatre heures dans l'huile d'olive, avec oignons coupés en tranches, laurier-thym, ail, et retournez-le plusieurs fois.

Il arrive souvent qu'on fait mariner le chevreuil dans le vin, d'autres dans le vinaigre ; mais c'est un mauvais système, qui décompose la viande et lui donne un goût désagréable ; il faut donc s'en tenir à l'huile et ne pas saler la viande qu'on fait mariner, le sel en fait sortir le jus.

Pour faire rôtir, mettez votre gigot devant un feu vif et arrosez-le souvent avec sa marinade que vous avez passée au tamis.

Salez votre rôti dix minutes avant de le retirer du feu.

Ce gigot se mange avec une sauce piquante, dite sauce au chevreuil ; elle se fait comme suit :

Faites un roux doré avec du beurre ou de la farine.

Mettez-y des échalottes hachées menu, en ayant le soin de ne pas les laisser roussir.

Mouillez avec du bouillon, ajoutez-y quatre têtes

d'ail cuites sous la cendre et mises en purée, sel, poivre, muscade, bouquet de persil, une feuille de laurier et vinaigre à la quantité nécessaire pour aciduler la sauce.

Laissez cuire une demi-heure, passez votre sauce, et cinq minutes avant de servir, joignez-y des capres ou cornichons hachés.

LE LAPIN

Lorsqu'on parle du lapin, il n'est pas question du mangeur de choux élevé dans les maisons, bien que, cependant, faute d'autres, on s'en serve dans certaines cuisines ; et il faut dire qu'ayant été nourri pendant quinze jours au sec et à l'avoine, sa chair n'est véritablement pas mauvaise, quoiqu'elle ne puisse être comparée à celle du lapin de garenne.

Giblotte de Lapin

Coupez un lapin en morceaux, mettez-le dans une casserole avec beurre et lard coupé en gros dés.

Lorsque le lapin a pris couleur, ce qui demande environ un quart d'heure, ajoutez une cuillerée de farine, tournez et retournez votre giblotte que vous avez salée et poivrée.

Mettez moitié bouillon, moitié vin blanc, muscade, petits oignons, champignons, bouquet de persil, deux ou trois gousses d'ail.

Servez votre giblotte avec des croutons frits et des tranches de citron autour du plat.

Deux heures de cuisson suffisent pour faire cuire la giblotte, qui doit être conduite à feu doux.

Lapin à la broche

Le lapereau rôti est un manger assez délicat, tandis que le vieux lapin a la chair dure, et d'un goût prononcé.

Tous les lapins ne sont pas également bons ; ceux qui habitent les buis ont un goût fort et désagréable, et ceux qui vivent dans les sapins, surtout l'hiver, lorsqu'ils en mangent l'écorce, sentent la résine, tandis que les lapins de bruyères sont parfumés au serpolet et d'une chair délicate.

Pour faire rôtir un lapereau, bardez-le de lard frais et faites-le cuire en un quart d'heure devant un feu vif, et s'il est un peu gros, dans une demi-heure.

Lapereau à la Poulette

Coupez un lapereau en morceaux et faites-le dégorger pendant une heure dans l'eau froide.

Passez votre lapin sur le feu dans du beurre, avec sel, poivre blanc, muscade.

Mouillez avec vin blanc, autant de bouillon ; ajoutez bouquet de persil, champignons, petits oignons, et faites cuire pendant une heure.

Au moment de servir, mettez une liaison de jaunes d'œufs.

Lapereau à la Marengo

Coupez votre lapin en morceaux et passez à la casserole, avec huile d'olive, sel, poivre, muscade, deux gousses d'ail et une feuille de laurier.

Faites cuire entre deux feux pendant demi-heure.

Liez la sauce avec une cuillerée de farine maniée de beurre.

Ajoutez un jus de citron et quelques œufs pochés placés autour du plat où l'on sert le lapereau.

Matelotte de Lapin

Coupez le lapin en petites parties et passez-le à la casserole avec du beurre ; faites un roux doré que vous mouillez avec bouillon et vin blanc.

Quand la sauce est en ébullition, mettez-y le lapin avec de petits dés de lard, poivre, sel, épices, champignons.

La cuisson étant très-avancée, joignez au ragoût de petits oignons sautés dans du beurre, et finissez de faire cuire.

GIBIER A PLUMES

Parmi le grand nombre d'oiseaux indigènes qui figurent honorablement sur la table des gourmets, le faisan et la perdrix sont en première ligne.

Parmi les oiseaux exotiques qui arrivent en France à certaines époques, la bécasse, la caille et la bécassine ont bien leur bonne part dans la gastronomie.

Nous avons en France des oiseaux indigènes qui ont une grande réputation de bonté, mais ils sont si rares et si peu répandus, qu'il faut laisser à ceux qui habitent les pays privilégiés où se trouvent le tétras, le coq de bruyère, la gelinotte, la préoccupation de savoir les accommoder.

Faisan à la broche

Le faisan fait un excellent rôti, qui fait l'honneur des meilleures tables ; mais, avant de le manger, il est urgent de le laisser prendre son fumet par un nombre de jours proportionné à son âge et à la saison, autrement il serait dur et sans parfum.

Il arrive souvent que, pour enjoliver l'oiseau, on le pique de lard fin ; eh bien ! c'est un tort ; en pareil cas, la qualité vaut mieux que la beauté.

Avec un bardé de lard, on conserve le jus de son rôti, tandis qu'avec le piqué, vous faites autant de portes échappatoires qu'il y a d'ouvertures.

Il arrive encore que pour embellir le rôti, au sortir de la broche, on se donne la peine de l'emmailloter dans ses ailes, on lui remet sa belle queue, sa tête et son cou tout emplumés.

Tous ces préparatifs demandent du temps, l'oiseau passe par des mains plus ou moins propres, et ce rôti, qui eût été excellent si on l'eût servi chaud, arrive sur la table très-chamaré, mais ayant perdu une des qualités principales d'un rôti, celle d'être servi chaud.

Perdreaux rôtis

Nous avons en France la perdrix rouge et la grise, qui sont excellentes toutes les deux ; les uns prétendent que la perdrix grise est la meilleure, les autres en sont pour la rouge, qui est plus grosse et dont la chair est plus blanche ; quant au fumet de chacune, s'il y a différence, elle est peu appréciable.

La manière de manger la perdrix rôtie ne diffère en rien de celle du faisan.

Ce qu'on ne saurait trop recommander, c'est le point de cuisson, car un perdreau trop cuit n'a plus de saveur.

Perdrix aux choux

(*Entrée.*)

La perdrix aux choux est un ragoût très-estimé, lorsqu'il est bien préparé ; c'est un plat de famille qui s'augmente à volonté par la quantité de choux qu'on peut y mettre.

Pour faire une bonne perdrix aux choux, prenez autant que possible un vieux coq de perdrix rouge et laissez-le se faisander pendant trois ou quatre jours.

Mettez dans une casserole la perdrix entière, avec de la graisse et du lard coupé en gros dés ; laissez roussir, et lorsque la perdrix a pris belle couleur des deux côtés, retirez-la de la casserole, ainsi que le lard, et faites un roux avec de la farine.

Mouillez avec bouillon ou de l'eau, remettez la perdrix dans la casserole, avec sel, poivre, trois clous de girofle, puis entourez-la de choux bien pommés, soit pancalier, pain de sucre ou choux frisé.

Faites cuire à feu doux pendant quatre heures.

Des saucisses, à moitié cuisson, mises dans le ragoût sont d'un bon effet.

Si la sauce devient trop clair par le jus des choux, liez avec de la fécule de pomme de terre, et au besoin mettez un peu de caramel.

Perdrix à la ménagère

Faites revenir dans une casserole, avec de la graisse, une vieille perdrix, et lorsqu'elle aura pris bonne couleur, retirez-la de sa casserole et mettez-la dans une petite marmite, avec un verre de bouillon, du lard coupé en dés, oignons, carottes, persil en bouquet, gousse d'ail, sel, poivre.

Pour servir, passez la sauce au tamis.

Caille, Grive, Alouette

Ces trois sortes de volatiles sont classées dans la première catégorie de notre gibier indigène, bien que, cependant, elles soient de passage dans notre pays à époques régulières. Ces oiseaux viennent chaque année faire leur ponte en France et fournir à nos tables leur chair; on peut les dire plus délicates que celles de tous les autres oiseaux.

Ces trois sortes de gibier font des rôtis sans rivalité.

La caille est grasse après les moissons, la grive après les vendanges, et l'alouette en automne.

Chacun de ces oiseaux a donc son temps marqué pour offrir ses qualités culinaires, et s'il n'est pris dans sa saison, il est loin de ce qu'on le trouve lorsqu'il est mangé à temps.

La grive et l'alouette grasses ne se vident pas, et pour en faire un excellent rôti, il faut les barder de lard frais et les faire rôtir à un feu vif.

Ce petit gibier, s'il languit à la broche, se dessèche et perd son fumet.

On met des grelettes de pain dans la lèchefrite pour recevoir ce qui tombe du rôti.

Caille à l'étuvée

Si la caille est bonne à l'étuvée, elle l'est aussi en salmis, et ce qui convient à la caille n'est pas moins bon pour la grive et pour l'alouette, à cette différence dans la préparation, qu'on vide ces deux dernières pour le salmis et l'étuvée.

Pour faire l'étuvée, faites un roux avec de la farine et du beurre dans lequel vous mettez quelques petits oignons; passez un instant vos cailles dans le roux, et mouillez avec un verre de vin blanc, autant de bouillon; ajoutez sel, poivre, bouquet de persil, ciboules, laurier-sauce et deux clous de girofle.

L'étuvée étant cuite, servez le plat garni de croutons passés au beurre.

Bécasse et Bécassine

La bécasse est un oiseau de passage très-recherché; elle nous arrive à la mi-octobre et se cantonne pour passer son hiver. Sa chair est délicate et très-parfumée, si on la laisse mortifier pendant cinq ou six jours.

Une bécasse fraîchement tuée ne vaut pas mieux qu'un pigeon.

La bécasse grasse et mortifiée fait un rôti parfait, tout ce qu'il y a de plus délicat.

La bécasse et la bécassine ne se vident pas ; c'est pendant leur cuisson, à un feu vif, qu'elles se vident sur des grelettes placées sous elles dans la lèche-frite.

Si la bécasse et la bécassine font des rôtis parfaits, elles font aussi d'excellents salmis.

Salmis de gibier

Le véritable salmis se fait généralement avec du gibier.

Je mets en première ligne : la bécasse, la bécassine et la caille ; puis arrivent le canard sauvage, la sarcelle, le pluvier, le vanneau, la poule d'eau, la grive, l'alouette, le râle de genêts et autres dont l'énumération serait trop longue pour les nommer tous.

Pour faire un bon salmis, mettez dans une casserole un bon morceau de beurre manié de farine, que vous retournez souvent jusqu'à ce qu'il ait pris une couleur blonde ; mouillez alors avec un verre de vin blanc, autant de bouillon, sel, poivre, sept à huit échalottes entières, bouquet de persil, une ou deux gousses d'ail.

Laissez cuire pendant une heure, et plus, s'il le faut.

Garnissez le fond d'un plat de tranches de pain frit dans l'huile ou le beurre, et videz votre salmis après y avoir mis un jus de citron.

Canard sauvage, Sarcelle

Le canard sauvage est supérieur en qualité de chair, en finesse de goût, au canard domestique; cependant il ne faut pas confondre les espèces, car, dans cette nombreuse famille, il y a plusieurs catégories à établir.

Le canard sauvage, qui ressemble au canard domestique par sa grosseur et son plumage, est lé seul qu'on doive rechercher; le harle, le siffleur et beaucoup d'autres sont médiocres de goût, leur chair étant huileuse ou musquée.

Lorsque le canard sauvage est jeune, il se nomme albran, et alors il est très-recherché des gourmets.

Le canard sauvage se mange de différentes manières ; il est très-bon rôti lorsqu'il est gras , et surtout si on le fait cuire à un feu très-vif et en une demi-heure, de même qu'on le mange en Normandie.

La sarcelle est un manger très-fin, qui ne diffère en rien de la manière d'accommoder le canard sauvage ; il en est aussi de même pour le canard domestique.

Le canard rôti se sert sur un lit de cresson, ou sur des grelettes de pain grillé.

POISSONS DE MER

Le Turbot

(*Relevé de potage.*)

Le turbot peut justement être appelé le roi des poissons de la mer ; c'est pourquoi, dans un repas d'apparat, il est toujours tout particulièrement recherché de préférence à tous les autres poissons.

Le turbot se mange généralement au court-bouillon, et pour le faire cuire convenablement, il faut mettre dans un chaudron autant d'eau qu'il en faudra pour couvrir le poisson. Mettez dans l'eau du chaudron une bonne poignée de sel, autant de poivre en grains, six feuilles de laurier-sauce, une petite poignée de thym, autant de persil, deux gros oignons coupés en rouelles, deux grosses carottes coupées de la même façon, et six gousses d'ail.

Faites bouillir ce court-bouillon pendant une

bonne heure, afin que tous ces ingrédients puissent donner leur jus et leur parfum.

Passez votre court-bouillon et mettez-le dans une turbotière, où vous placez votre poisson frotté d'un zeste et jus de citron du côté du blanc, c'est-à-dire du côté du ventre.

Faites mijoter pendant demi-heure, sans faire aller à gros bouillon.

La cuisson faite, retirez le turbot de son court-bouillon et faites-le égoutter sur un linge.

Le turbot se mange avec une sauce blanche ou à l'huile et vinaigre.

Lorsque le court-bouillon est bien préparé, il tient lieu de toute sauce.

La Barbue

La barbue a quelque ressemblance avec le turbot par sa forme et par sa peau, bien que son corps soit un peu plus allongé ; mais la chair en est moins épaisse et plus sèche ; néanmoins, c'est encore un des meilleurs poissons de la mer.

La barbue s'accommode en tout comme il est dit ci-dessus pour le turbot.

La Sole

La sole est un excellent poisson, de quelque manière qu'on l'accommode ; si elle est petite ou moyenne, on la fait frire dans la poêle avec beurre, huile ou graisse ; est-elle grosse, on la met au court-bouillon comme le turbot ou au gratin, de même qu'il est dit ci-après.

Garnissez le fond d'un plat en fer-blanc de forme allongée, de bon beurre frais, avec mie de pain, persil haché, sel, poivre, muscade, champignons, gousse d'ail râpé, et placez votre sole dessus.

On fait par-dessus le poisson le même assaisonnement qu'on a mis dessous.

On ajoute un verre de vin blanc et une cuillerée d'eau-de-vie ; on couvre bien son plat et on fait cuire avec feu dessous et feu plus fort dessus, ayant le soin d'arroser souvent le poisson. La plie se fait cuire de la même manière que le turbot et la sole, soit au court-bouillon ou au gratin.

Merlan, Rouget

Ces poissons sont de second ordre, et cependant ils ne sont pas à dédaigner.

Généralement, ils se mangent plutôt frits que bouillis ; on les mange aussi grillés et mis sur une maître-d'hôtel ; dans l'un et l'autre cas, ils se servent comme entremets.

Poissons d'eau douce

La carpe de rivière, à écailles dorées, est un poisson délicieux, à quelle sauce on veuille la mettre.

Si elle est petite, on la mange frite dans la poêle avec beurre ou huile, après qu'elle a été saupoudrée de farine, et si la carpe est grosse, on la mange au bleu, en matelotte, au gratin ou à la Chambord.

Carpe au bleu

(Relevé de potage.)

La carpe étant nettoyée sans être écaillée, maniez un peu de beurre avec de la farine, sel, poivre, persil, ciboules hachées, et mettez cette préparation dans le corps de la carpe.

Enveloppez votre poisson d'un linge fin et faites-le cuire dans un court-bouillon préparé comme suit :

Mettez dans une poissonnière moitié vin rouge et blanc, des carottes et des oignons coupés en rouelles, six gousses d'ail, gros bouquet de persil, laurier-thym, sel, poivre en grains.

Faites cuire votre court-bouillon pendant une heure avant d'y mettre le poisson.

La carpe ainsi cuite se mange avec son court-bouillon ou à l'huile et vinaigre, et souvent avec une sauce blanche.

Le brochet et la perche que l'on veut mettre au bleu, se préparent de la même manière que la carpe.

Carpe matelotte, marinière

La carpe étant écaillée et coupée par tronçons, mettez-la dans un chaudron, avec vin rouge et blanc, sel, poivre, ciboules, laurier, petits oignons passés dans le beurre dans une casserole, trois clous de girofle, six gousses d'ail.

Faites cuire à petit feu, et dix minutes avant la fin de la cuisson, pendez le chaudron à la crémaillère à feu flambant; au moment de l'ébullition, ajoutez un petit verre d'eau-de-vie et des boulettes de beurre maniées de farine.

Agitez un peu le chaudron pour lier le beurre à la sauce.

Le feu doit prendre dans le chaudron, ce qui rend le poisson ferme et de bon goût.

La sauce étant à son point de réduction, retirez du feu la matelotte, et dressez le poisson sur un plat foncé de grelettes frites dans le beurre.

Carpe à la Chambord

Prenez une carpe de cinq à six livres, écaillez-la et la piquez de lard fin, puis enveloppez-la dans un linge et faites-la cuire au court-bouillon avec vin rouge et vin blanc, mettez dans un bon jus ou coulis des ris de veau blanchis, des quenelles de farce de veau, de volaille ou de poisson, des truffes, des crêtes de coq et des laitances de carpe, sel, poivre ; faites mijoter ce tout dans le coulis assez longtemps pour que la cuisson soit complète, puis, au moment de servir, versez ce coulis sur la carpe entourée de tous les accessoires : on peut ajouter gros comme une noix de sucre fondu mis à couleur dorée.

Anguille d'eau douce

L'anguille est un excellent poisson, qui se présente sur nos tables accommodé de bien des manières, soit frite, grillée, en matelotte, à la tartare et à la poulette.

Anguille à la Tartare

Prenez une belle anguille à dos noir et ventre blanc, qu'elle soit de rivière ou de marais, peu importe, si elle ne sent pas la bourbe.

Videz votre anguille, et sans l'écorcher, faites-la griller sur un feu vif, après lui avoir fourré la queue dans la gueule, ce qui lui fait former un rond en manière de couronne.

Lorsque votre anguille est cuite, servez-la sur une sauce verte ou mayonnaise.

On prépare l'anguille d'une autre façon, qui est également bonne, mais plus compliquée.

Lorsque l'anguille est vidée, la peau étant nettoyée de sa gomme visqueuse, avec des cendres ou du sable, et mise en rond comme ci-dessus, placez-la dans une casserole sur de petits oignons, gousses d'ail, thym, laurier, persil, sel, poivre, mouillez avec vin rouge et blanc; faites cuire, feu sur le couvercle et feu léger dessous, et après trois quarts de cuisson, posez avec précaution votre anguille sur un plat, et versez dessus un roux blond de beurre et de farine, que vous mouillez avec la sauce de l'anguille.

Bouillabesse à la Delaie

La bouillabesse se compose de plusieurs espèces de poissons de mer et d'eau douce, tels que turbot, barbue, mulet, sole, grondin, rouget, carpe, tanche, anguille et raie.

Coupez le poisson par tronçons.

Mettez dans une casserole beurre et huile d'olive par quantité égale.

Lorsque l'ébullition commence, jetez-y un oignon coupé en petits dés, et lorsqu'il est moitié cuit, ajoutez plusieurs gousses d'ail, des appétits et persil hachés, sel, poivre, deux feuilles de laurier-sauce.

Après quelques secondes, mettez deux cuillerées de farine que vous laissez cuire un moment, puis mouillez avec vin blanc et bouillon gras par égale portion.

Après une demi-heure de cuisson, mettez le poisson dans la sauce et en même temps une pincée de kari et un sachet de safran en feuilles.

Faites mijoter le tout ensemble pendant un quart d'heure.

Versez votre bouillabesse sur des tartines de pain frit dans le beurre.

La Morue

La morue est un poisson qui rend de grands services par sa délicatesse et les manières différentes dont on peut l'accommoder.

Morue à la Maître-d'hôtel

Si vous voulez manger de bonne morue, prenez-la à chair blanche et à peau noire.

Pour la faire cuire, mettez-la à l'eau froide sur le feu ; étant prête à bouillir, écumez votre morue, et dès qu'elle bout, ôtez-la du feu, couvrez-la, et la laissez ainsi dans son eau pendant dix minutes ; après ce temps, retirez la morue de l'eau et faites-la égoutter.

Mettez dans une casserole un bon morceau de beurre frais, ail râpé, muscade, poivre, persil haché menu, et la morue en sortant de son eau chaude.

Le tout ainsi préparé, mettez sur le feu, en tournant toujours jusqu'à ce que le beurre forme une crème.

Quelques personnes font fondre le beurre à

l'état d'huile; c'est une faute et un mauvais système à condamner.

Morue à la Béchamel

Faites fondre dans la casserole un morceau de beurre frais, délayez-y une cuillerée de farine ; mouillez d'un verre de lait et faites bouillir en tournant toujours, jusqu'à ce que la béchamel soit cuite.

On peut y mettre un peu de sel et gros comme deux noix de sucre.

Lorsque la sauce est faite, mettez-y la morue, qui a été cuite comme pour faire la maître-d'hôtel.

Morue à la Hollandaise

Mettez sur le feu dans l'eau froide de la morue, avec des tranches de citron, un oignon coupé en rouelles, thym, laurier, et un bon morceau de beurre frais.

Faites cuire la morue de même qu'il est dit pour la maître-d'hôtel, et mettez-la sur un plat que vous entourez de pommes de terre bouillies.

Les pommes de terre longues de Hollande sont les meilleures, et on peut compléter ce plat en vidant sur la morue une sauce préparée comme suit.

Mettez dans une casserole un quartron de beurre frais avec une demi-cuillerée de farine, poivre, muscade, peu de sel et trois jaunes d'œufs.

Mouillez d'un peu d'eau tiède et faites cuire sans laisser bouillir ; ajoutez un jus de citron.

Morue au fromage

Ce ragoût n'est autre chose que la morue à la Béchamel, à laquelle vous ajoutez du fromage de gruyère ou Parmesan râpé, que vous employez comme suit :

Dressez votre morue cuite sur un plat et la panez avec mie de pain et fromage râpé ; arrosez de beurre et faites gratiner et prendre couleur au moyen du four de campagne.

Coquilles au champignon

Faites une Béchamel assaisonnée de persil, échalottes, champignons hachés menu, muscade, sel, poivre.

Avant de se servir des champignons, il faut leur faire rendre leur eau sur un feu doux.

Hachez du jambon que vous mettez dans une casserole avec huile d'olive, un peu de farine, que vous laissez cuire un moment, une cuillerée de vin blanc et autant de bouillon.

Laissez réduire et remplissez les coquilles de votre préparation, que vous saupoudrez d'un peu de mie de pain, après y avoir ajouté quelques petits morceaux de beurre frais.

Faites cuire vos coquilles avec des cendres chaudes dessous et recouvertes du four de campagne ou d'un couvercle garni de braise dessus.

Croquettes de poisson

Faites fondre du beurre, joignez-y persil et champignons hachés, deux cuillerées de farine, sel, poivre, muscade.

Faites revenir un peu, mouillez avec deux cuillerées de bouillon et autant de lait, ce qui vous donnera l'aspect d'une bouillie.

Prenez de la chair de poisson, turbot, sole, grondin, barbue, carpe, brochet, loubine, et joignez-la à la sauce.

Laissez cuire dix minutes, puis laissez refroidir et faites-en des boulettes que vous passez dans l'œuf, jaune et blanc mélangés ; passez et faites frire avec persil.

Si vous voulez faire vos croquettes au gras, prenez de la noix de veau ou des blancs de volaille rôtis et froids coupés en petits morceaux, puis faites comme pour les croquettes de poisson.

Écrevisse

L'écrevisse est parmi les crustacés une des meilleures choses qu'on puisse manger, et si vous voulez en avoir la perfection, avant de la faire cuire, retirez la petite nageoire du milieu de la queue, qui entraînera dans son extraction un petit boyau noir et amer :

Mettez ensuite vos écrevisses dans un court-bouillon composé comme suit :

Quelques personnes, et c'est la majorité, font cuire les écrevisses dans du vin blanc et même dans de l'eau fortement vinaigrée, et mettent ces crustacées sur le feu en même temps que les ingrédients qui forment le court-bouillon.

Eh bien ! c'est de toute façon un mauvais système ; le vin et le vinaigre tout particulièrement donnent de l'âcreté à l'écrevisse, en ternissant sa belle couleur rouge lorsqu'elle est cuite.

Et sa cuisson est faite avant que les ingrédients, qui ont à peine senti le feu, ne donnent leur saveur au court-bouillon.

Si on veut manger de bonnes écrevisses, il faut tout simplement les faire cuire à l'eau.

J'entends déjà les coutumiers du vin et du vinaigre se récrier sur la simplicité de ma recette ; mais qu'ils prennent comme essai le mode que j'indique, et je suis assuré qu'ils seront de mon avis.

Préparez donc un court-bouillon à l'eau dans lequel vous mettez oignons et carottes coupés en rouelles, laurier-thym, bouquet de persil, ail, sel, force poivre en grains.

Laissez bouillir ce court-bouillon pendant une heure, et mettez-y vos écrevisses qui, étant cuites en quelques minutes, doivent être retirées du feu et laissées dans leur court-bouillon pendant 10 minutes.

Retirez-les du chaudron et servez-les chaudes ; l'écrevisse froide est beaucoup moins goûtée.

Quelques personnes mettent dans le court-bouillon du beurre ; ce système n'est pas mauvais, mais on se graisse les doigts en mangeant les écrevisses, sans que le beurre leur ait donné une qualité sensible au goût.

Escargots sauce Bordelaise

(*Entrée.*)

Pour faire sortir l'escargot de sa coquille et le nettoyer à fond, mettez une bonne poignée de sel dans un vase avec de l'eau.

Quand l'escargot a rendu toute son écume, étant passé dans plusieurs eaux, retirez-le et mettez-le dans une eau claire pour le faire cuire.

Quand l'escargot se retire aisément de la coquille, il est cuit.

Alors mettez vos escargots dans une casserole avec un bon morceau de beurre frais, persil, ciboules, ail hachés, thym, laurier, sel, poivre, une pincée de farine ; sautez-les un moment dans cet assaisonnement, puis mouillez avec bouillon, vin blanc, un petit verre d'eau-de-vie et laissez cuire pendant un quart d'heure ; il faut courte sauce.

Les escargots de vigne sont les meilleurs ; on peut se méfier de la propreté de ceux qu'on trouve près des maisons habitées ; on en mange cependant, mais il faut les faire jeûner longtemps.

Cuisses de Grenouilles

Jetez dans l'eau bouillante des cuisses de grenouilles écorchées et séparées du corps ; laissez-leur prendre un petit bouillon.

Retirez-les du feu et passez-les à l'eau froide.

Après les avoir égouttées, mettez-les dans une casserole avec beurre frais, bouquet de persil, gousse d'ail, quelques petits oignons, sel, poivre ; on peut y mettre des champignons de couche.

Après 4 tours de casserole, mettez une pincée de farine, et 4 minutes après mouillez avec bouillon ; faites cuire un quart d'heure, et liez avec jaunes d'œufs.

RECETTES POUR SAUCES

Sauce Chevreuil

Cette sauce est aussi bonne sur le bœuf rôti ou bouilli que sur la venaison, elle se fait comme suit...

Faites un roux doré avec de la panne de cochon et un peu de farine ; jetez-y des échalotes hachées menu, ayant le soin de ne pas les laisser roussir.

Mouillez avec bouillon, puis ajoutez 4 têtes d'ail bien écrasées que vous avez fait cuire sous la cendre ; persil en bouquet, une feuille de laurier, sel, poivre et vinaigre, à la quantité nécessaire au point où vous voulez aciduler la sauce.

Laissez cuire cette sauce une demi-heure, passez-la et, cinq minutes avant de servir, joignez-y des câpres ou des cornichons hachés menu.

Sauce piquante

Faites un roux avec beurre ou graisse et farine.

Lorsque le roux est avancé en couleur, mettez-y des échalotes coupées menu, ne leur laissez prendre qu'un bouillon,

Deux minutes au plus.

Faute d'échalotes, servez-vous d'oignons coupés en petits dés, que vous faites roussir légèrement.

Mouillez avec bouillon, vinaigre, sel, poivre, ail écrasé.

Une demi-heure de cuisson suffit.

Sauce blonde

Faites un roux peu foncé, avec beurre et farine.

Mouillez avec bouillon, salez et poivrez.

Dix minutes avant de servir, maniez du beurre avec farine et mettez dans votre sauce ; une demi-heure suffit pour la cuisson.

Cette sauce est excellente pour les légumes, on y met un jus de citron.

Sauce Béchamel

La sauce Béchamel se fait comme suit :

Mettez dans une casserole un quarteron de beurre frais manié de farine, muscade et un grain de sel, un peu de sucre.

Tournez jusqu'à ce que cette farine vous paraisse cuite, et alors mouillez avec un verre de lait, que vous versez petit à petit en tournant toujours.

Sauce blanche

La sauce blanche se fait de la même manière que la sauce Béchamel, avec cette différence qu'à la place du lait, on y met eau, sel, poivre blanc, muscade, jus de citron ou vinaigre ; on peut y mettre des câpres.

Cette sauce se lie avec des jaunes d'œufs.

Sauce Nantaise

Il arrive souvent qu'une sole frite est trop grosse pour être mangée le même jour. Eh bien ! comme une friture réchauffée n'est pas bonne, on peut en faire un plat nouveau le lendemain, en l'accommodant comme suit :

Mettez dans une casserole huile et beurre frais par égale portion, et dès que commence l'ébullition, jetez-y mie de pain, sel, poivre, persil, échalotes hachées menu, gousse d'ail pilée.

Faites revenir dans cette sauce votre sole pendant cinq minutes après avoir mouillé d'un verre de vin blanc autant de bouillon et un petit verre d'eau-de-vie.

Laissez cuire pendant dix minutes.

Jus ou Coulis pour sauces

Pour faire un coulis ou jus, foncez une casserole avec six gros oignons, autant de grosses carottes à jus, coupées en tranches ; posez sur ce fond des débris de viande de boucherie, os de bœuf, pieds ou jarrets de veau, que vous mouillez avec de l'eau bouillante.

Commencez la cuisson à feu vif pour que le tout prenne bonne couleur, et assaisonnez de sel, poivre, deux ou trois clous de girofle et bouquet de persil, puis laissez cuire pendant trois heures à feu doux.

Passez au tamis et laissez reposer.

DE L'ŒUF

L'œuf est d'une grande ressource dans la vie humaine.

Le grand nombre de variétés dont on l'accommode rend les plus grands services à la cuisine ; qu'il soit mangé mollet, dur, accommodé au gras ou au maigre, il est toujours bien accueilli sur toutes les tables.

Tous les œufs se mangent, mais le plus délicat est sans contredit celui de poule, celui de canne après et celui de dinde ensuite.

Gâteau d'œufs

Cassez des œufs frais dans une casserole dont tout l'intérieur est tapissé de beurre, sel, poivre.

Couvrez votre casserole avec feu dessus et peu dessous ;

Faites cuire un quart d'heure et renversez votre pain d'œufs dans un plat, puis arrosez-le d'une sauce verte, composée d'huile, vinaigre, moutarde, sel, poivre, appétits et persil hachés.

Œufs brouillés

Mettez dans une casserole des œufs frais, un bon morceau de beurre frais, des truffes coupées menu, muscade, sel, poivre ; du rognon de veau cuit à la broche, des pointes d'asperges ; c'est avec ces accessoires que vous aurez le complément de l'œuf brouillé.

Faites cuire sur un fourneau à feu doux, en tournant toujours.

Quand les œufs sont arrivés à l'état de bouillie épaisse, ils sont cuits.

Omelette soufflée

Cassez vos œufs et séparez les blancs des jaunes. Joignez aux jaunes du sucre râpé, la moitié d'un zeste de citron haché très-fin (on entend par zeste la peau odorante du citron ou de l'orange).

Fouettez vos blancs d'œufs à l'état de neige et réunissez-les aux jaunes.

Faites fondre dans un plat qui aille au feu un demi-quarteron de beurre, et lorsqu'il est fondu mettez-y les œufs, et couvrez le plat du four de campagne avec feu vif dessus.

Œufs à la tripe

Faites cuire dans la casserole, avec du beurre, des oignons coupés en rouelles, sans les faire fondre ni roussir.

Mettez une cuillerée de farine, une tasse de crème, sel, poivre, gros comme une noix de sucre, un filet de vinaigre.

Faites cuire cette préparation pendant dix minutes, et mettez-y des œufs durs coupés par tranches, puis faites mijoter pendant cinq minutes.

Œufs en matelote

Mettez dans une casserole un litre de vin rouge pour une douzaine et demie d'œufs.

Ajoutez un bouquet garni, 12 petits oignons, deux gousses d'ail, sel, poivre, épices.

Faites bouillir dix minutes et retirez les assaisonnements de la sauçe.

Pochez dans cette sauce vos œufs, l'un après l'autre. et retirez-les à mesure qu'ils sont cuits.

Dressez-les sur un plat avec des croûtons frits.

Laissez bouillir cinq minutes le vin dans lequel ont cuit les œufs et ajoutez-y en tournant, gros comme deux œufs de beurre frais manié d'une cuillerée de farine.

Après que cette sauce aura bouilli dix minutes, versez-la sur les œufs qui se trouvent ainsi réchauffés.

Œufs farcis

Faites durcir des œufs, coupez-les en deux par le milieu dans leur longueur.

Otez les jaunes, que vous pétrissez avec du beurre, et gros comme un œuf de lard frais, des fines herbes, sel, poivre, muscade, et mie de pain trempée dans du lait.

Remplissez avec cette farce le vide des œufs que produit l'enlèvement des jaunes.

Beurrez le fond d'une casserole ou braisière, arrangez dessus vos moitiés d'œufs, le côté de la farce en dessus, et couvrez du four de campagne avec feu dessus et cendres chaudes dessous.

Un quart d'heure de cuisson suffit.

Œufs pochés

Les œufs pochés se servent sur un jus ou sur une purée ; ils se font comme suit :

Mettez dans une casserole de l'eau avec deux cuillerées de vinaigre, un peu de sel.

Lorsque l'eau est en ébullition, cassez-y vos œufs, l'un après l'autre, et lorsqu'on les croit cuits, retirez-les avec précaution de l'eau pour ne pas les crever, faites-les égouter, puis mettez-les sur le jus ou purée préparés pour les recevoir.

Œufs au lait

Faites chauffer du lait avec une feuille de laurier cerise.

Quand le lait a bouilli pendant cinq minutes, retirez le laurier.

Battez des œufs dans une terrine avec du sucre en poudre, joignez-les au lait, en tournant toujours, pour qu'ils ne cuisent pas.

Passez vos œufs et les versez sur un plat que vous mettez sur un feu doux.

Couvrez vos œufs et mettez un feu vif dessus le couvercle, ils prendront promptement.

Mettez dessus, lorsqu'ils sont cuits, du sucre en poudre et glacez les avec une pelle à feu rouge.

Huit œufs suffisent pour un litre de lait.

Œufs au lait renversés

Battez six blancs d'œufs, et lorsqu'ils sont à l'état de neige, joignez-y les jaunes.

Versez vos œufs dans un litre de lait en ébullition et ajoutez deux cuillerées de fleur d'oranger.

Mettez dans une casserole un quarteron de sucre avec deux cuillerées d'eau, et laissez cuire doucement jusqu'à ce que le sucre soit venu d'une belle couleur dorée.

Versez ensuite ce caramel dans un moule ou casserole, et tournez-le vivement, de manière à ce que le moule en soit garni partout, puis laissez refroidir.

Versez dans ce moule vos œufs au lait et faites cuire au bain-marie.

Lorsque les œufs sont cuits, mettez le moule dans l'eau froide, et lorsque les œufs sont froids, renversez le moule seulement au moment de servir, afin que le pain paraisse sur la table dans tout son entier.

Un autre moyen de faire les œufs au lait renversés et qui est le plus usité, c'est tout simplement de les faire cuire sur le feu, de même qu'il est dit pour les œufs au lait dans la recette qui précède.

Sauce aux œufs

Mettez dans une casserole quatre jaunes d'œufs, quelques tranches de citron, muscade râpée , poivre, et un bon morceau de beurre frais.

Tournez cette sauce sur un feu doux pour la faire lier sans qu'elle bouille et cuise trop.

Cette sauce se mange avec poisson, volaille bouillie, langue de bœuf et tête de veau.

LÉGUMES

Petits Pois

Mettez des petits pois dans une casserole avec un bon morceau de beurre frais, un bouquet de persil, un cœur de laitue, quatre petits oignons, un peu de sel et un peu de sucre.

Faites cuire à petit feu, une heure.

Les petits pois les plus fins sont les meilleurs et les plus recherchés ; ils sont récoltés dans les jardins : ceux qui sont récoltés dans les champs sont plus durs et ont un goût de vesce qui est loin d'être agréable.

Fèves à la bourgeoise

(*Entremets.*)

Mettez des jeunes fèves, après en avoir enlevé la peau, dans une casserole avec beurre, bouquet de persil, ciboules, un peu de sarriette ; passez sur le feu ; mettez un peu de farine, un peu de sucre et mouillez avec bouillon.

Quand la cuisson est faite, mettez une liaison de jaunes d'œufs délayés avec un peu de lait.

Haricots verts

(*Entremets.*)

Après avoir épluché des haricots de leurs filandres, jetez-les dans l'eau bouillante avec une poignée de sel.

Quand ils sont cuits, mettez-les dans l'eau froide si vous voulez conserver leur verdeur.

Retirez-les et faites-les égoutter.

Mettez dans une casserole du beurre frais, persil et ciboules hachés menu, sel, muscade, un peu de poivre et un peu d'eau dans laquelle ils ont cuit.

Faites bouillir 10 minutes et liez avec des jaunes d'œufs.

Haricots blancs nouveaux

(*Entremets.*)

Ces haricots doivent être cuits à l'eau bouillante avec sel, un oignon et gousse d'ail lorsqu'ils sont nouveaux, tandis que les haricots secs doivent être mis à l'eau froide pour les faire cuire ; il en est de même pour les pois, fèves et lentilles lorsqu'ils sont secs.

Le pot dans lequel on fait cuire ces légumes doit être tenu plein, en ne se servant que d'eau chaude, pour le remplir à mesure qu'il consomme.

Choux farcis

(*Entremets.*)

Prenez un chou bien pommé, retirez-en le cœur et remplacez-le par une farce de veau et lard, ou de chair à saucisse ; ficelez-le et le faites cuire quatre heures dans une casserole avec assaisonnement, beurre et bouillon. Servez sur la cuisson réduite et liée avec de la fécule.

Choux de Bruxelles

Faites cuire ces choux à l'eau bouillante avec du sel; faites-les égoutter et faites-les revenir dans la casserole avec un bon morceau de beurre, sel, poivre, un peu de persil haché fin, et une gousse d'ail écrasée, pour ceux qui l'aiment.

Cinq minutes suffisent pour faire sauter les choux dans le beurre.

Artichauts à la barigoule

(*Entremets.*)

Faites cuire des artichauts à l'eau et dans leur entier.

Remplaçez le foin par une farce ainsi faite :

Hachez fin persil, oignons, champignons, lard, ris de veau blanchi; mie de pain, sel, poivre, et en remplissez chaque artichaut que vous mettez dans une casserole avec du beurre, sur un feu très-doux ; couvrez-les avec le four de campagne chauffé légèrement.

Asperges à la sauce blanche

(*Entremets.*)

Les plus grosses asperges sont les meileures ; après les avoir ratissées et coupées de même longueur, liez-les par petites bottes et faites-les cuire dans l'eau bouillante avec du sel ; ne les laissez pas trop cuire, elles perdraient toute leur saveur, servez-les toutes chaudes avec une bonne sauce blanche.

Concombres farcis

(*Entremets.*)

Coupez un bout du côté de la queue et videz l'intérieur du concombre ; pelez-le avec soin, la peau donnerait de l'amertume.

Remplissez votre concombre d'une farce de viande, persil, ciboule et mie de pain, sel, poivre ; rebouchez l'ouverture avec le bout que vous avez ôté, en les faisant tenir avec des brochettes de bois.

Mettez le concombre dans une casserole avec beurre, bouquet de persil et du bouillon.

Faites mijoter deux heures ; liez avec fécule et servez la sauce sous les concombres.

Les concombres enveloppés d'une bande de lard bien mince n'en sont que meilleurs.

Navets au sucre

(*Entremets.*)

Épluchez de petits navets et faites-les revenir à la casserole dans du beurre ; quand ils sont dorés, saupoudrez-les de sucre, d'un peu de sel, et les mouillez d'un peu de bouillon ; achevez de faire cuire doucement.

Ragoût de carottes

(*Entremets.*)

Vos carottes nettoyées, mettez-les blanchir à l'eau bouillante : coupez-les en filets, passez-les au feu dans une casserole avec un morceau de beurre, sel, poivre, persil haché ; mouillez avec du lait, et quand la cuisson est faite, lier de jaunes d'œufs.

Betteraves

(*Entremets.*)

Les betteraves se cuisent dans de l'eau ; mais cuites au four, elles sont meilleures.

Si vous voulez en faire un bon ragoût, coupez-les en tranches lorsqu'elles sont cuites, et mettez-les dans une casserole avec du beurre, persil, ciboules hachées, un peu d'ail, une pincée de farine, sel, poivre, un filet de vinaigre.

Faites bouillir un quart d'heure, c'est assez.

Salsifis et Scorsonères

Ces légumes sont excellents, tout particulièrement la scorsonère qui est plus tendre et plus délicate.

Nettoyez, raclez vos racines et jetez-les dans une terrine où il y a de l'eau et du vinaigre.

Faites-les cuire en les jetant dans l'eau bouillante avec un peu de sel.

Quand les racines sont cuites égouttez-les, et assaisonnez-les à la poulette, à la sauce blanche ou blonde, au jus, ou frites dans l'huile, le beurre ou la graisse.

Pommes de terre

La pomme de terre est le légume dont on fait la plus grande consommation, il est aussi apprécié par le riche que par le pauvre, et on peut l'accommoder de tant de manières différentes qu'il y en a pour satisfaire tous les goûts.

Ne voulant pas sortir de mon cercle de la cuisine usuelle, je ne m'étendrai pas sur toutes les cuisines auxquelles est soumise la pomme de terre, ce serait un peu long ; aussi me contenterai-je de citer celle dite à la Parisienne qui est économique et bonne.

Mettez un morceau de beurre ou graisse dans une casserole avec un gros oignon coupé en petits dés ; quand votre oignon sera de belle couleur, mettez un verre d'eau et vos pommes de terre, sel, poivre, bouquet garni, feuille de laurier, gousse d'ail, et faites cuire à petit feu pendant une heure.

Champignons

Parmi les différentes espèces de champignons, il y en a d'inoffensifs et toujours recherchés avec soin ; mais il en est d'autres dont la mine est trompeuse ; ils ont des couleurs vives, une odeur assez agréable, et cependant, ce sont les plus dangereux, malheur à celui qui en mange !... car il arrive souvent que malgré des antidotes des plus énergiques, on passe de vie à trépas dans des souffrances atroces.

Les mauvais champignons sont toujours dangereux, mais c'est parmi les différentes espèces de ceps et d'oronges qu'on trouve les plus vénéneux.

Le bon cèpe est cependant facile à reconnaître, son dessus est brun, son dessous d'un blanc tirant sur le jaune et son pied est court et gros.

La bonne oronge est d'un beau rouge en dessus, et son dessous est jaune-serin, c'est le plus séduisant des champignons ; elle pousse en juillet et août, tandis que la fausse oronge succède à l'autre fin septembre et octobre; elle aussi est d'une belle couleur en dessus, bien que sa peau soit légèrement piquée de blanc, et son dessous au lieu d'être jaune est blanc ; ces différentes nuances sont faciles à reconnaître et cependant le désir de manger des champignons fait qu'on s'y trompe souvent, et alors il faut avoir recours aux remèdes.

Je ne dirai pas que le meilleur des contre-poisons soit infaillible, il arrive que les remèdes et les soins les plus prompts sont parfois insuffisants pour sauver le malade ; cependant, comme tous les cas d'empoisonnement par les champignons n'ont pas la même gravité et qu'on peut se sauver par quelques contre-poisons, je vais en citer quelques-uns dont l'usage et l'efficacité sont connus :

1° L'huile d'olive donnée à forte dose, cinq à six cuillerées, dès que les effets du poison se font sentir réussit quelquefois et sauve le malade.

2° Cette huile d'olive a des effets bien plus certains si elle est mêlée avec des blancs d'œufs battus à l'état de neige.

3° Parmi les moyens à employer pour combattre l'empoisonnement par des champignons, le vomitif est le plus pratiqué par la médecine, mais l'accident arrivé à la campagne où l'on n'a pas toujours les huit à dix centigrammes d'émétique nécessaires pour faire vomir, ce qui est très-utile en pareil cas où il ne faut pas tergiverser, car les effets du poison sont généralement très-prompts ; en l'absence de l'émétique, c'est donc au premier remède qu'il faut recourir.

Parmi la grande quantité des champignons, s'il y en de mauvais, beaucoup d'espèces sont bonnes et inoffensives. Parmi la quantité qui se mange, je citerai le champignon rose qui vient sur couches, dans les prés et les terres incultes, la morille, le mousseron, le champignon à bague et à longue tige, comme étant de ceux dans lesquels on puisse avoir confiance.

Champignons farcis

Un plat de champignons farcis est généralement fort estimé et tranche la monotonie des légumes de saison.

Pour préparer ce plat, prenez de gros cèpes ou oronges, retirez-en les queues et faites-les mariner pendant une heure dans de bonne huile d'olive.

Hachez menu deux gousses d'ail, du persil, les

queues des champignons, mie de pain ; mélangez le tout avec de la chair à saucisse ; salez, poivrez et liez avec deux jaunes d'œufs.

Dressez les champignons sur un plat, garnissez-les avec la farce que vous avez préparée ; arrosez avec de l'huile d'olive, et faites cuire à feu doux dessus et dessous pendant une heure environ.

Champignons à la bourgeoise

Prenez des champignons roses, ceux que l'on cultive sur couches, et que l'on ramasse aussi à la campagne ; mettez-les dans une casser ole, sur un feu doux, et faites-les suer. Au bout d'une demi-heure, lorsqu'ils ont rendu leur eau, égouttez-les, jetez l'eau, et remettez-les dans la casserole avec beurre frais, sel, poivre, persil haché menu, un peu de mie de pain, pointe d'ail, une cuillerée d'huile d'olive et deux de bouillon.

Vingt minutes de cuisson suffisent ; liez avec un jaune d'œuf.

Croûte aux champignons

La seule différence qui existe entre ce plat et les champignons à la bourgeoise, c'est de faire frire dans le beurre une croûte de pain, que l'on met dans le fond du plat, et on verse les champignons dessus.

Empoisonnement par les ustensiles de cuisine en cuivre

Après avoir parlé des recettes et moyens de faire une bonne cuisine, il arrive trop souvent des accidents malheureux, dont la préparation culinaire se trouve paralysée par la négligence d'une cuisinière qui, n'a pas eu un soin minutieux des ustensiles de cuivre tels que casseroles, braisières et autres confiés à son service et à sa surveillance ; l'emploi du cuivre mal étamé, mal lavé, produit souvent des empoisonnements, non seulement dans des préparations culinaires, mais aussi dans celles des conserves alimentaires, en leur donnant la teinte verte que les légumes ont dans l'état naturel.

L'empoisonnement par le vert-de-gris se produit par des vomissements de matières verdâtres.

La personne empoisonnée est atteinte de coliques violentes, accompagnées de déjections ; le ventre se ballonne et devient très-sensible.

Contre-poison

Le malade soigné promptement après les premiers effets du poison échappe presque toujours à la mort si le remède qui suit est employé :

Le moyen le plus simple et le plus sûr de remédier à l'empoisonnement par le vert-de-gris, est de faire prendre au malade six blancs d'œufs battus à l'état de neige.

Ce remède albumineux, donné à plusieurs reprises, coagule et paralyse les effets du poison.

On peut aussi se servir de limaille de fer et de zinc que l'on administre au malade, mais le remède le plus facile à se procurer et à donner, est d'avoir recours aux œufs que tout le monde a sous la main.

POTAGES MAIGRES ET GRAS

Potage à la Julienne

Prenez carottes, navets, oignons verts, poireaux, choux pommés, et les coupez en petits filets ; les pois nouveaux, les jeunes fèves, la laitue, l'oseille, trouvent leur place dans la julienne.

Faites cuire à moitié les légumes dans une casserole avec un bon morceau de beurre frais et du sel.

Mouillez avec de l'eau chaude et achevez de faire cuire, ce qui demande au moins deux heures.

Ce potage n'est réellement bon qu'autant que les légumes sont très-cuits.

Ajoutez une purée si vous voulez et trempez avec du pain.

Ce potage est bien meilleur si un quart d'heure avant de servir vous mettez dans la julienne à la place du pain, du gluten ou des pâtes d'Italie.

Le riz fait bien dans la julienne, mais il lui faut une demi-heure de cuisson au moins.

Bisque d'écrevisses

Faites cuire des écrevisses dans un bon court-bouillon à l'eau et beaucoup d'oignons et de carottes , ni vin , ni vinaigre, sel, poivre.

Lorsque les écrevisses sont cuites retirez leur chair des pattes et de la queue.

Faites cuire dans de l'eau, du riz, mettez-y votre chair d'écrevisses et pilez le tout ensemble, puis mouillez avec du bouillon et si l'on tient au maigre absolu, mouillez avec le bouillon qui a cuit les écrevisses, mais le bouillon gras fait un meilleur potage.

Potage au potiron et aux tomates

Mettez dans une casserole de la citrouille coupée en petits dés, des tomates écrasées, un gros oignon coupé en tranches et un bon morceau de beurre.

Laissez cuire pendant une demi-heure, et lorsque le tout est fondu, écrasez et passez dans la passoire.

Remettez au feu dans une marmite votre purée avec bouillon, riz, sel et beurre frais.

La quantité de riz doit être proportionnée au bouillon que vous avez mis dans la marmite.

Ce potage trop clair ou trop épais n'est pas bon.

Soupe à la citrouille

Faites frire dans la casserole deux gros oignons coupés en rouelles avec de la citrouille mise à petits morceaux.

Lorsque le tout est cuit et roussi, faites-en une purée que vous éclaircissez avec eau ou bouillon, mettez sel, poivre, et laissez mijoter cinq minutes, puis versez sur votre pain coupé en tranches très-minces.

Potage aux carottes

Mettez dans une casserole, avec la quantité d'eau dont vous voulez faire du bouillon, des carottes, des pommes de terre, un gros oignon, un brin de céleri, sel, peu de poivre et laissez bien cuire.

Passez vos légumes à la passoire après les avoir bien écrasés.

Ajoutez un bon morceau de beurre frais et faites mijoter pendant dix minutes.

Versez votre bouillon sur du pain, ou servez votre potage tel qu'il est.

Potage de potiron en purée

Coupez du potiron par morceaux et les mettez dans l'eau bouillante pendant cinq minutes, retirez-les et jetez l'eau.

Écrasez votre potiron et mettez-y un peu de sel.

Faites fondre du beurre dans une casserole et mettez-y votre purée de potiron revenir un moment.

Ayez dans une soupière des croûtons passés au beurre et sucrés ; versez-y du lait bouillant également sucré et joignez-y votre purée de potiron.

Laissez mijoter cinq minutes.

Potage au potiron

Faites cuire du potiron coupé en gros dés, dans de l'eau ; étant cuit, jetez l'eau et remplacez-la par une quantité de lait suffisante au potage ; sucrez bien et laissez bouillir un moment ;

Videz dans la soupière sur du pain tranché très-mince.

Ceux qui n'aiment pas le sucre peuvent le remplacer par du sel.

DESSERT. CONFITURES

Gelée de groseilles

Prenez trois livres de groseilles bien mûres, moitié rouges, moitié blanches, et demi-livre de framboises.

Les groseilles étant égrenées, mettez-les dans une bassine avec les framboises.

Quand vos fruits auront rendu leur jus, tordez-les dans un linge pour en extraire tout ce qui est dans le marc, puis passez votre jus au tamis.

Joignez à ce jus la même quantité de sucre.

Faites cuire la gelée jusqu'au moment où, en mettant quelques gouttes de votre cuisson sur une assiette, elle reste congelée.

On peut joindre à la cuisson deux feuilles de gélatine afin de donner plus de consistance à la gelée...

Confiture de framboises

Prenez quatre livres de framboises, écrasez-les avec une livre de groseilles blanches.

Pressez vos fruits dans un linge et mettez-en le jus dans une bassine avec le sucre du poids égal à celui du jus, c'est-à-dire livre par livre.

Faites cuire un quart d'heure.

De même que pour les confitures de groseilles, on reconnaît la cuisson en metttant quelques gouttes de jus sur une assiette ; si la confiture fige, elle est cuite.

Confiture de fraises

Faites cuire une livre de sucre, au point où, en trempant le doigt dans l'eau froide puis dans le sirop, et refroidi dans l'eau, on en forme une boulette qui se casse sous la dent et s'y attache.

Jetez alors une livre de fraises dans votre sirop, et après quatre bouillons la confiture est faite.

Un zeste de citron fait bien dans cette confiture.

Confiture de cerises

Prenez dix livres de cerises suffisamment mûres, ôtez-en les queues et les noyaux.

Mettez vos cerises dans une bassine sur un feu vif, faites bouillir et écumez ;

Ajoutez une livre de jus de framboise ;

Après une demi-heure d'ébullition, mettez livre par livre de sucre ;

Laissez bouillir encore vingt minutes et retirez du feu.

Confiture de poires

Prenez des poires de beurré d'Angleterre assez mûres ; coupez-les en deux et retirez-en les cœurs :

Faites macérer vos poires 24 heures dans une terrine, un lit de poire et couche de sucre rapé.

Après ce temps, mettez vos poires dans une bassine et faites cuire à feu vif, en remuant continuellement les morceaux de poire, sans les écraser :

Aux trois quarts de la cuisson, ajoutez le zeste d'un citron haché très-fin, et autant de sucre qu'il y a de livres de fruit.

COMPOTE ET MARMELADE

Compote d'abricots

Faites bouillir dans une casserole avec un verre d'eau un quarteron de sucre ; mettez-y vos abricots entiers, après en avoir ôté les noyaux ; faites les mijoter doucement, écumez-les retirez-les du feu dès qu'ils sont cuits.

Faites réduire votre sirop en y ajoutant un zeste de citron et versez-le sur vos abricots.

La compote de pêches se fait de la même manière.

Compote de poires

Mettez dans une casserole des poires et un verre d'eau, un peu de cannelle, du sucre et faites cuire à petit feu.

Si les poires sont petites laissez-les entières ; si elles sont grosses, coupez-les en long.

A moitié de la cuisson, ajoutez à la compote un verre de vin rouge.

Quand vos poires sont tout à fait cuites sans tomber en bouillie, retirez-les de la casserole et faites réduire le sirop qui s'est formé et versez-le sur vos poires.

Les poires de Martin-Sec sont les plus propres à faire de la compote.

Compote de prunes

Prenez une livre de prunes Reine-Claude, ou Mirabelle, et faites-les cuire dans une casserole avec un verre d'eau et un quarteron de sucre.

Lorsque les prunes fléchissent sous les doigts sous une faible pression, écumez-les et videz-les dans un compotier.

Faites réduire le sirop et versez-le sur les prunes.

Pèches glacées

Prenez des pèches presque mùres, versez dessus de l'eau bouillante et après une demi-heure, enlevez-leur la peau et les mettez dans une terrine.

Faites clarifier du sucre livre par livre de fruit, et faites-y cuire vos fruits.

Dès que vos pêches sont cuites retirez-les du feu et les mettez dans un bocal.

Faites réduire le sirop et versez-le sur vos pêches.

Ajoutez un petit verre de rhum ou de cognac.

Marmelade d'abricots

Prenez des abricots bien mùrs, ôtez-en les noyaux, et mettez vos fruits dans une bassine avec autant de sucre que de fruits.

Un quart d'heure suffit pour la cuisson.

Pour s'assurer que la cuisson est à son point, mettez un peu de marmelade au bout de votre doigt, et si en appuyant le pouce dessus et le relevant, elle forme un petit filet, la marmelade est cuite.

Pendant la cuisson de la marmelade, remuez-la sans cesse pour l'empêcher de prendre au fond de la bassine.

Cassez les noyaux de vos abricots, et jetez-en les amandes dans l'eau bouillante, afin d'en retirer plus facilement la peau.

Mettez ces amandes dans la marmelade, cinq minutes avant de la retirer du feu.

Mêlez bien marmelade et noyaux afin que le tout soit également réparti.

Pendant que la marmelade refroidit dans les pots, ayez le soin d'enfoncer les noyaux à mesure qu'ils montent à la surface.

Les amandes doivent être coupées en filets.

Marmelade de prunes Reine-Claude

Coupez les prunes en deux pour en extraire les noyaux, faites cuire les prunes de même que vous avez fait pour les abricots; ce sont les mêmes précautions à prendre, et la livre de sucre par livre de fruits.

Gelée de raisins muscats

Écrasez des grains de raisin muscat dans une terrine, pressez-les ensuite dans un linge pour en exprimer le jus ; faites cuire ce jus, de même qu'il est dit pour les groseilles, livre de sucre par livre de fruits.

Raisiné de Bourgogne

Égrenez des raisins tels que Muscats, Saint-Emilion, Querci et autres bons raisins savoureux, et tirez-en le jus.

Le Chasselas, parfait à manger, ne convient pas pour faire du raisiné.

Mettez le jus de votre raisin dans une bassine et faites bouillir à petit feu jusqu'à réduction de moitié, ayant le soin de le tourner souvent pour empêcher qu'il ne prenne au fond.

Mettez alors des poires, des pommes de reinette bien mûres, des figues.

Faites réduire d'un tiers en tournant toujours pendant six heures ; alors les fruits seront cuits et mis à l'état de confiture.

Compote de fraises

Faites fondre un quarteron de sucre dans un demi-verre d'eau et faites cuire jusqu'à ce que le sirop soit épais ; ayez le soin d'écumer.

Prenez de belles fraises bien mûres et mettez-les dans votre sirop qui doit être en ébullition ; retirez-les un moment du feu et laissez-les reposer pendant quelques minutes dans leur sirop.

Remettez ensuite vos fraises et sirop sur le feu, ayant le soin de les retirer dès que les fruits commencent à se rompre.

LIQUEURS ET DESSERT

Prunes à l'eau-de-vie

Pour cent prunes Reine-Claude, il faut deux livres de sucre, trois verres d'eau et un litre d'eau-de-vie forte, du degré le plus élevé.

Première opération : Piquez vos prunes avec une épingle et les mettez dans une bassine d'eau froide. Mettez cette bassine sur un fourneau avec un feu doux, et dès que deux ou trois prunes montent à la surface de l'eau, retirez la bassine de dessus le feu et couvrez-la avec un linge.

Laissez là vos prunes jusqu'au lendemain. Remettez la bassine sur le feu et retirez-la lorsque les premières prunes remonteront de nouveau.

Mettez alors vos prunes une à une sur un linge, faites donner quelques bouillons au sirop, et jetez-le sur vos prunes que vous aurez mises dans un bocal ; mettez dans ce bocal un nouet composé d'anis, de coriandre, cannelle et 4 clous de girofle.

Cerises à l'eau-de-vie

Prenez des Guindoux ou des cerises anglaises qui ne soient pas trop mûres.

Coupez-leur la moitié de la queue et mettez-les dans un bocal avec un nouet de coriandre, cannelle, anis, et 2 clous de girofle.

Mettez du sucre clarifié à raison d'une demi-livre par livre de fruits.

Remplissez le bocal d'eau-de-vie très-forte, et au bout d'un mois retirez le nouet : vous pourrez manger les cerises.

Ratafia de coings

Râpez jusqu'au cœur des coings bien mûrs, ayant le soin qu'il n'y ait pas de pepins.

Laissez macérer cette râpure trois jours dans une terrine, puis pressez-la dans un linge pour en retirer le jus.

Mêlez ce jus avec une égale quantité d'eau-de-vie ; ajoutez une demi-livre de sucre par litre de jus , un nouet de cannelle et girofle, et laissez infuser deux mois ; après ce temps filtrez et mettez en bouteille.

Liqueur de noyaux

Mettez dans une cruche demi-livre d'amandes de noyaux d'abricots coupées par petits morceaux dans trois litres d'eau-de-vie et laissez infuser vingt-cinq jours.

Agitez la cruche de temps en temps, puis, au bout de 25 jours, retirez les amandes en filtrant l'infusion et ajoutez-y deux livres de sucre fondu dans un demi-litre d'eau.

Brou de noix

Prenez cent noix déjà un peu grosses, mais assez peu formées pour qu'une épingle puisse facilement passer à travers.

Pilez ces noix et les faites infuser deux mois dans quatre litres d'eau-de-vie.

Après ce temps, égouttez vos noix sur un tamis placé au-dessus d'un vase qui recevra le liquide.

Mettez dans cette liqueur deux livres de sucre et laissez-la encore infuser deux mois, puis filtrez.

Crème d'angélique

Epluchez de leurs feuilles des côtes d'angélique verte et les coupez par morceaux.

Pour demi-livre d'angélique, mettez dix grammes de muscade, quatre grammes de cannelle, deux clous de girofle, un kilogramme de sucre fondu dans un litre d'eau, et mêlez le tout dans trois litres d'eau-de-vie.

Laissez infuser six semaines; filtrez et mettez en bouteille.

Liqueur de cassis

Égrenez et écrasez trois livres de cassis très-mûrs.

Mettez votre cassis dans un bocal avec quatre litres d'eau-de-vie, trois clous de girofle, un peu de cannelle et de coriandre concassées et mises dans un sachet ; au bout de deux mois, retirez votre liqueur du bocal, pressez les grains de cassis pour en extraire le jus que vous remettez dans le bocal avec deux livres de sucre concassé.

Laissez reposer votre liqueur afin de donner au sucre le temps de fondre, et filtrez avec du papier sans colle ou avec un filtre, avant de mettre en bouteilles.

Curaçao

Faites infuser trois onces de zeste d'orange amère, quatre livres de sucre et une pincée de bois de Brésil dans six litres d'eau-de-vie.

Filtrez après deux jours : la liqueur est faite.

Anisette

Concassez deux onces d'anis vert, une once de coriandre, deux grammes de cannelle et un gramme de macis.

Mettez ces ingrédients dans une cruche, avec deux litres d'eau-de-vie.

Ajoutez du sucre fondu dans très-peu d'eau, six onces par litre.

Laissez infuser pendant un mois, et filtrez.

Ratafia de Genièvre

Concassez deux onces de graines de genièvre très-mûres lorsqu'elles sont noires.

Mettez votre genièvre infuser dans deux litres d'eau-de-vie, avec seize grammes de cannelle, deux clous de girofle, un gramme d'anis vert et autant de coriandre.

Ajoutez demi-livre de sucre par pinte d'eau-de-vie, fondu dans un peu d'eau.

Laissez infuser pendant six semaines ; filtrez.

Ratafia de fleur d'oranger

Par litre d'eau-de-vie mettez trois onces de fleur d'oranger et une demi-livre de sucre râpé.

Placez dans un bocal, alternativement, une couche de sucre et une couche de fleur d'oranger.

Il est urgent que la dernière couche de sucre recouvre bien la fleur d'oranger et soit plus épaisse que les autres.

Fermez hermétiquement le bocal, et laissez macérer à la cave pendant douze heures.

Après ce temps, égouttez la liqueur des fleurs d'oranger, et filtrez.

Cornichons verts et fermes.

Prenez des cornichons de moyenne grosseur, mettez-les dans un vase de terre avec une poignée de sel et les remuez souvent.

Laissez-les ainsi pendant vingt-quatre heures et jetez l'eau qu'ils ont rendue.

Quand les cornichons auront égoutté quelques instants, remettez-les dans le même vase et couvrez-les de vinaigre blanc tout bouillant, aussi fort que possible.

Couvrez le vase soigneusement et laissez infuser 24 heures : au bout de ce temps, les cornichons auront pris une couleur jaune.

Retirez le vinaigre de dessus les cornichons et mettez-le dans un chaudron, sur un feu vif.

Lorsque le vinaigre est en ébullition, mettez-y les cornichons, et dès qu'ils auront pris un bouillon, remuez-les également : ils reprendront leur couleur verte.

Retirez-les du chaudron et les laissez refroidir.

Mettez vos cornichons dans les vases où ils doivent rester et couvrez-les d'assaisonnements, tels que piment, estragon, ail, petits oignons.

Remplissez les vases de bon vinaigre, de manière à ce que les cornichons et les accessoires baignent constamment. Couvrez avec soin.

Façon et conservation du verjus

Égrenez du raisin avant maturité et tirez-en le jus après avoir pilé vos grains dans un mortier, où vous avez mis une petite poignée de sel.

Passez ce jus dans une chausse, à plusieurs reprises, jusqu'à ce qu'il ait acquis la limpidité d'une eau pure.

Le verjus ainsi clarifié ne se conserverait pas de lui-même sans être soufré.

A cet effet, prenez un bouchon de grosseur à pouvoir entrer dans vos bouteilles ; traversez ce bouchon d'un fil de fer qui puisse aller jusqu'à la moitié de la bouteille et qui se termine en crochet.

Attachez à ce crochet une mèche soufrée, longue de deux centimètres au plus.

Allumez cette mèche et mettez-la dans chaque bouteille.

Lorsque les bouteilles sont pleines de vapeur, bouchez-les promptement, après en avoir retiré la mèche, et au bout d'une minute, débouchez vos bouteilles ; remplissez-les de verjus, et rebouchez-les avec soin.

Mettez vos bouteilles à la cave, elles ne fermenteront pas.

Collage des vins rouges

Quatre blancs d'œufs suffisent pour coller une pièce de vin rouge de la contenance de 228 litres, et si le vin est très-épais, on met six œufs.

Commencez par retirer deux litres de la pièce que l'on veut clarifier, puis battez les blancs d'œufs avec une demi-bouteille de ce même vin.

Mettez ce mélange dans la pièce, et introduisez par sa bonde un bâton fendu, ou mieux plusieurs baguettes de coudrier réunies en faisceau, avec lesquelles on agite fortement le liquide, en leur imprimant un mouvement circulaire.

Les œufs étant ainsi parfaitement mélangés avec le vin, on laisse reposer pendant huit jours.

Au bout de ce temps, on soutire son vin dans un fût sans odeur et bien lavé, et, après avoir soufré légèrement la pièce dans laquelle était primitivement le vin, on le retourne dans sa barrique.

Deux mois après, on peut mettre son vin en bouteilles, et si la barrique dans laquelle a séjourné le vin a été soufrée, le vin n'en aura que plus de force et se conservera mieux, si on le laisse en barrique.

Réflexions sur le collage des vins rouges et blancs

1° Pendant la floraison de la vigne, et lorsque le raisin tourne et se colore, ne collez pas votre vin.

2° Les vins récoltés dans de mauvaises années sont souvent difficiles à clarifier ; avant tout, il faut les soufrer.

3° Le vin fait avant bonne maturité ne se conserve qu'en le mettant de bonne heure en bouteilles.

4° En général, les vins fins et légers peuvent être mis en bouteilles au bout de deux ans, tels que ceux de Bordeaux, du Dauphiné et du Roussillon.

5° C'est par la dégustation qu'on doit juger de la maturité du vin, et s'il est bon à mettre en bouteilles, s'il n'est ni doux, ni âcre ; son goût doit être pur et franc.

6° Le vin blanc peut être mis en bouteilles plus tôt que le rouge ; le terme moyen est un an et huit mois au moins après que les gelées ont passé dessus.

Il faut attendre qu'il ait perdu le goût sucré, qu'il conserve plus ou moins longtemps et qui occasionne une fermentation qui ferait casser les bouteilles.

7° La limpidité du vin, sa belle couleur, étant des choses les plus importantes, on doit chercher à l'obtenir dans toute sa pureté.

8° La température et le vent sont d'une grande influence pour la conservation du vin en le mettant en bouteilles.

9° On a toujours remarqué que le vent du Nord, un beau froid, étaient salutaires à la mise du vin en bouteilles ; il est moins sujet à tourner et à déposer que celui qu'on y met par un temps humide ou chaud, et tout particulièrement quand le vent du Midi souffle.

De l'emploi des vins à table

Dans un dîner de grande cérémonie, si le service est bien compris, on doit commencer par le vin rouge, et bien que ce soit l'ordinaire, il doit être bon et pris parmi les vins de Mâcon, Tonnerre, Auxerre, Vermanton, Mercurey, la Chainette ; ou passant de la Basse-Bourgogne dans l'Orléanais, parmi les vins de Beaugency, Saint-Denis et Saint-Ay.

Après ces bons vins, on veut meilleur encore, et l'on passe au Beaune, au Pomard, puis on savoure le Clos-Vougeot, le Chambertin, le Romanée, le léger Volnay et le Saint-Émilion vieux de Bordeaux.

A ceux-là succèdent les vins capiteux du Roussillon, de la côte du Rhône, de Jurançon, Grenache, Côte-Rotie, l'Ermitage, Saint-Gilles et Tavel.

Après les vins rouges, succèdent les vins blancs, et si l'on veut du Bordeaux, prenez le Grave, le Barsac, le Ségur, le Sauterne, le Médoc ; si l'on veut exciter le palais par des vins de Bourgogne, prenez le Beaune ou le Chablis, et mieux encore les vins de la côte du Rhône, le Condrieux, le Saint-Pérey et le délicieux Ermitage.

Au dessert, prenez la tisane de Champagne, l'Aï, le Versy, le Sillery, l'Eperney vieux non mousseux.

Ces vins ont la préférence sur les vins mousseux qui, cependant, sont appréciés par les uns et toujours préférés par les dames.

La fin du repas se couronne habituellement par les vins liquoreux du Roussillon, du Languedoc, de la Provence, de l'Espagne ; et c'est alors que les vins de Rivesaltes, Lunel, Grenache, Frontignan, Malaga, Malvoisie, Xérès, Alicante, coulent dans les verres ; aussi, est-ce le moment de la confiance, de la gaîté, des doux épanchements, des confidences, et quelquefois des déclarations amoureuses.

Le jus de la treille, ce jus divin, a fait de tous les convives une société de frères et amis.

DIFFÉRENTES RECETTES

BONNES A CONNAITRE

REMÈDES

Baume sympathique

Ce baume est bon pour toutes les blessures, arrête les vomissements de sang, guérit les efforts intérieurs, rasseoit les sens dans toute espèce de commotions, et enlève souvent des douleurs dont on ne connaît pas toujours la cause.

Ce baume précieux se compose comme suit :

Colophane.	six onces.
Mirrhe en larmes.	une once.
Aloës épatique.	une once.
Encens fin.	trois onces.

Pilez le tout dans un mortier et réduisez en poudre ; mettez cette poudre dans une bouteille de grès avec trois chopines d'esprit-de-vin.

Bouchez bien la bouteille et mettez-la pendant

quarante jours au coin du feu, ayant le soin de l'agiter plusieurs fois dans le jour.

Ce remède se prend en deux ou trois prises d'une cuillerée à bouche, à douze heures d'intervalle.

Il est bon de prendre ce remède le plus tôt possible après l'accident.

Dès qu'on a pris le remède, il est nécessaire de se donner beaucoup d'exercice et de se faire suer, s'il est possible.

Ce remède ne se prend que cinq ou six heures après avoir mangé.

En général, la saignée après un accident devient inutile si on a pris le baume sympathique.

Collyre pour maladie des yeux

Ce remède produit presque toujours de bons effets; il se compose :

Pierre infernale.	six grains.
Eau distillée.	six grains.
Vitriol blanc.	quatre grains.
Eau-de-vie camphrée. . . .	une cuillerée.

Six gouttes dans un verre d'eau ; bassinez souvent l'œil malade.

Pierre divine

(*Remède pour blessures vieilles et nouvelles.*)

Après le baume sympathique, excellent remède pour l'intérieur du corps, il est précieux de pouvoir en donner aussi un pour l'extérieur, avec cette différence, cependant, qu'il est beaucoup plus facile et plus prompt à confectionner, et que son prix de revient est tellement minime que les plus pauvres se le procurent avec vingt-quatre sous.

L'eau verte, dissolution de pierre divine, est un remède souverain pour toutes les plaies et blessures vieilles et nouvelles.

Dans les plaies nouvelles, soit par suite d'écorchures ou coupures, l'eau verte arrête l'hémorragie, empêche l'inflammation et cicatrise promptement.

Dans les vieux maux dolents et dans les plaies baveuses, elle dissout les tumeurs et ravive les bonnes chairs au détriment des parasites, qui meurent et font place aux autres.

Pour complément des vertus de l'eau verte, la dissolution de quatre grammes de pierre divine dans un litre d'eau donne un collyre des plus spécifiques contre les ophthalmies simples et même chroniques.

La pierre divine se compose comme suit :

Vitriol bleu.	60 grammes.
Alun calciné.	60 grammes.
Sel de nitre.	60 grammes.
Camphre.	20 grammes.

Pour composer la pierre divine, broyez le tout, et mettez-en la poudre, à l'exception du camphre, dans un petit pot de terre, sans valeur, et faites fondre à un feu doux. Dès que la poudre est fondue, joignez le camphre en poudre aux autres drogues, en délayant promptement le tout ensemble.

Dès que le mélange est bien fait, retirez le pot du feu, en le fermant hermétiquement pour éviter l'évaporation ; la pierre étant froide, cassez le pot.

La pierre divine, telle qu'elle est composée cidessus, est pour quatre litres d'eau, pour plaies ordinaires et nouvelles; mais s'il s'agit d'une vieille plaie, après avoir mitigé le remède pendant quatre à cinq jours de pansement, augmentez progressivement la dose, dans la proportion de trois litres pour la pierre divine entière.

Manière d'employer l'eau verte.

En pansant trois ou quatre fois par jour, soit avec de la charpie imbibée d'eau verte, soit avec un linge souvent humecté, il est rare que les plus vilaines plaies résistent au bout de huit jours, et elles seront d'autant plus vite guéries qu'avant d'appliquer la charpie on aura pris le soin de lotionner longtemps la plaie.

Il en est de même pour les plaies nouvelles, et s'il y a hémorragie, on peut arrêter l'écoulement du sang en trempant la blessure dans l'eau verte, ce qui est facile, si le mal est aux mains ou aux pieds.

Remède contre la rage

(*Eprouvé.*)

Ce remède est long et difficile à préparer; j'ai cependant connu plusieurs exemples de son application et de son efficacité. Un homme de 30 ans, étant à faire ses besoins derrière un buisson, est gravement mordu aux fesses et aux cuisses par un chien passant en cet endroit.

Ce même chien, courant dans le pays, mord d'autres chiens qui enragent, lorsque l'homme qui a pris le remède n'a jamais rien éprouvé.

Une jeune fille de 18 ans est mordue sur différentes parties à chair vive, par un chien de passage qui mord d'autres bêtes de son espèce devenues enragées, tandis que la jeune fille se porte bien.

Un cochon mordu par ce même chien est soigné par le même remède ; il n'éprouve rien de fâcheux.

Ce remède précieux se compose :

1° Une poignée d'herbe à la Rhue.

2° Autant de la seconde peau d'églantier.

3° Une poignée de grandes pâquerettes rousses.

4° Dix gousses d'ail.

5° Dix blancs de fiente de poule frais faits.

6° Une cuillerée à bouche gros sel.

7° Trois blancs de poireaux.

Pilez le tout dans un mortier.

Ajoutez-y vingt cuillerées de fort vinaigre de vin.

Mettez votre préparation dans un vase de faïence bien bouché et laissez infuser 24 heures.

Avant de faire prendre le remède, passez-le dans un linge avec expression.

Doses à donner à jeun.

Pour un homme fort, 5 cuillerées à bouche.
Pour une femme, 4 cuillerées id.
Pour un enfant de 15 ans, 3 cuillerées id.
Pour un enfant de 7 à 8 ans, une cuillerée et demie, et en diminuant encore, si l'enfant est plus jeune.

Conditions à suivre.

Lorsque le malade a pris le remède, il est nécessaire qu'il prenne un grand mouvement, comme de courir pendant vingt minutes, s'il est possible, et si on ne peut pas marcher, se couvrir à outrance dans un lit pour transpirer.

Le malade ne doit manger qu'une heure après avoir pris le remède.

On met le marc du remède sur les plaies, lorsqu'elles sont encore saignantes, et si les plaies sont vieilles faites, on met les mouches avant de mettre le marc.

Les personnes qui ont pris ce remède ne doivent manger dans le jour ni lait, ni fromage, ni aucune crudité.

Il est bien à observer que, passé vingt-quatre

heures, ce salutaire remède devient par l'infusion un subtil poison.

Remède contre la dyssenterie

Ce remède est si simple qu'on est presque toujours tenté de ne pas croire à son efficacité ; il est cependant parfait, et il est très-rare qu'après l'avoir pris pendant trois ou quatre jours à jeun, on ne soit pas radicalement guéri.

Il y a des exemples de maladie datant de plusieurs mois, parfaitement guérie dès le troisième jour de la prise du remède, et s'il faut des exemples à l'appui de cette assertion, j'en citerai d'assez péremptoires pour ne laisser aucun doute.

Une année où la dyssenterie faisait de grands ravages, sur trois frères de la même ferme, deux en étaient déjà morts, lorsque le troisième, très-avancé dans la maladie et abandonné du médecin, ayant pris le remède, fut sauvé comme par enchantement.

Un jeune sous-officier de l'armée d'Afrique, ayant la dyssenterie depuis plusieurs mois, était dans un état à faire craindre pour ses jours ; la maladie était telle qu'il fut renvoyé en France pour se soigner ; il prit le remède et fut radicalement guéri au bout de quatre jours.

Un ouvrier dans un état presque désespéré prit le remède après six mois de souffrances, et fut sauvé en quatre jours, après avoir pris tous ceux de la faculté de médecine qui usaient sa bourse sans lui rendre la santé.

Un jeune employé de la marine marchande, dans le même état que le précédent ; prit le remède et fut guéri après trois ou quatre jours de soins.

Je ne crois pas utile de citer d'autres exemples, les précédents suffiront pour convaincre les incrédules.

Composition du remède.

Les nègres, très-sujets aux flux de ventre et à la dyssenterie, font grand usage de ce remède.

Prenez du bouillon gras, faites griller une grelette de pain ; imbibez-la d'huile d'olive, saupoudrez-la de sucre en poudre, et prenez cette grelette dans une tasse de bouillon, comme si c'était une soupe.

Ce remède, aussi agréable que salutaire, se prend à jeun, le matin, autant que possible ; on peut au besoin le renouveler dans la même journée.

Remède facile à faire pour blessures

Les lotions astringentes à l'eau froide, blanchies par quelques gouttes d'extrait de Saturne, sont salutaires pour rafraîchir les plaies et les préparer à recevoir des remèdes plus efficaces, tels que celui qui suit :

Une cuillerée à soupe de poudre d'alun battue dans un blanc d'œuf.

Lorsque le remède est en mousse, on en couvre la plaie, et l'on recommence souvent la même besogne.

Remède contre le Ténia et autres vers

Ce remède se compose comme suit...

Térébenthine de Venise. . . .	quinze	grammes.
Poudre de ratania.	sept	grammes.
Poudre de calomélas.	cinq	grammes.
Poudre de réglisse.	sept	grammes.

Miel de Narbonne, quantité suffisante pour former six pilules qui doivent être prises en trois fois, deux par matin, à jeun.

Un autre remède très-bon pour la destruction du ténia est une infusion de coussot ; elle réussit quelquefois; mais ce qu'il y a de plus certain pour tuer cet interminable ver, c'est l'extrait de coussot, que l'on prend à différentes reprises ; il se trouve chez tous les pharmaciens.

Vermifuge pour les enfants

Faire chauffer dans un vase allant au feu :

1° Un demi-litre eau-de-vie et y mettre le feu.

2° Mettre dans ce brûlot une once aloës épathique.

3° Un gramme mirrhe réduit en poudre fine.

4° Agiter l'eau-de-vie jusqu'à ce qu'elle s'éteigne d'elle-même.

Cet élixir, étant refroidi et mis en bouteille, se prend dans une cuillerée d'eau sucrée à la dose de quatre à cinq gouttes ; mais ne dépasser dans aucun cas la quantité de 10 gouttes.

Ce remède, ayant été pris régulièrement à jeun pendant 8 jours, débarrasse entièrement les enfants des vers qui les font souffrir.

Eau vésicante pour chevaux

(Traitement des molettes et vessigons).

Cette eau produit en frictions de grands effets, si le mal n'est pas trop invétéré : elle fait sortir une eau rousse qui, renfermée dans la capsule synoviale, gêne toujours le cheval dans ses mouvements et le fait souvent boiter.

Cette eau se compose comme suit :

Euphorbe en poudre.	2 onces.
Cantharide en poudre.	2 onces.
Ellébore en poudre.	2 onces.
Alcool, fort degré.	2 onces.

Mettez le tout dans une bouteille en grès.

Laissez infuser pendant vingt-quatre heures.

Après ce temps, remplissez la bouteille d'alcool d'un haut degré et laissez fermenter dans du fumier chaud, ayant le soin que le goulot de la bouteille paraisse au-dessus du fumier et que la bouteille ne soit fermée que d'un bouchon de liége traversé d'un tuyau de plume : sans ce procédé, la vapeur concentrée ferait éclater la bouteille.

Ce remède doit être appliqué par frictions qu'on renouvelle le lendemain de la première friction et deux ou trois jours après, s'il en est besoin.

Lorsqu'il y a eu un fort écoulement dès la première friction, il est bon d'attendre quatre jours avant de recommencer.

Frictions pour vessigons des chevaux

Frictionner à différentes reprises le jarret du cheval atteint de vessigon, avec mélange de térébenthine et de deuto-chlorure de mercure, et ne s'arrêter dans les frictions que lorsque la peau devient calleuse.

Au bout de huit jours recommencer, et ainsi de suite jusqu'à ce que le vessigon ait disparu.

Remède très-bon pour réduire les capelets

On peut réduire les capelets par des frictions d'eau vésicante ou de mélange de deuto-chlorure de mercure; mais lorsque le capelet date de loin, il est difficile de l'enlever; cependant, malgré sa ténacité, il résiste rarement à des frictions répétées du liniment qui suit :

Teinture de mirrhe.
Essence de térébenthine.
Alcool camphré d'un degré très-élevé.

Ces trois choses par portions égales.

Ce remède est quelquefois long à opérer, mais il faut persévérer, la guérison viendra.

Après avoir frictionné plusieurs fois de suite, il se forme des croûtes qu'il faut laisser tomber, puis recommencer encore les frictions, et ainsi de suite jusqu'à complète disparition.

Remède contre la gale des chiens

Ce remède est infaillible s'il est bien fait et bien administré ; si par hasard une première friction avec brosse n'a pas entièrement réussi, une seconde friction à deux jours d'intervalle ne manque jamais son effet.

Après chaque friction, il est utile de mettre l'animal au soleil ou devant un grand feu.

Ce remède se compose :

Sel ordinaire de cuisine. . . 30 grammes.
Fleur de soufre. . . . . . 60 grammes.

Poudre de chasse.	10 grammes.
Noix de galle.	20 grammes.
Sulfate d'alumine.	30 grammes.
Huile de cade.	demi-litre.
Huile de noix.	demi-litre.

Lorsque le tout est bien mélangé sur un feu doux, sans bouillir, jetez dans le vase qui contient le remède, cinq grammes d'acide sulfurique qui, par l'ébullition qu'il cause, produit la fusion immédiate.

Tous les corps durs qui entrent dans ce remède doivent être pulvérisés.

Autre remède contre la gale

Ce remède a beaucoup de rapport avec celui qui est ci-dessus enseigné, il est cependant plus simple et plus facile, bien qu'il soit encore très-bon ; il se compose comme suit :

Huile de noix.	un litre.
Fleur de soufre en poudre. .	500 grammes.
Alun calciné.	30 grammes.
Noix de galle.	30 grammes.
Gros sel pulvérisé.	100 grammes.
Poudre de chasse fine. . . .	20 grammes.

Le tout doit être pulvérisé et mélangé avec

l'huile; faire chauffer sur un feu doux jusqu'à ce que la liaison paraisse complète, mais sans faire bouillir, parce que le soufre, en bouillant, se liquifierait et deviendrait dur en refroidissant.

Au sortir de dessus le feu, jetez 30 grammes d'acide sulfurique dans le remède, afin d'en obtenir la fusion complète.

Frottez deux fois, à un jour d'intervalle, l'animal malade, et lavez-le ensuite le quatrième jour avec du savon noir, ou avec une dissolution légèrement chargée de sulfure de potasse.

Ces deux remèdes peuvent être employés pour chevaux.

Purgatif pour chiens

Les chiens ont souvent besoin de se purger; il est donc utile de leur faire prendre de temps en temps un gramme de turbith minéral en deux pilules roulées dans le beurre ; faites prendre en une seule fois.

Remède pour pattes échauffées

Il arrive constamment que les chiens ont les

pattes échauffées ; on peut les guérir facilement par le remède qui suit :

Térébenthine grasse.
Suif de mouton.
Huile d'olive.
Vin rouge.

Le tout par égale portion ; graissez souvent les pattes malades.

Remède Bobœuf

Le Fenol-Bobœuf est très-bon contre le rouge des chiens, employé par frictions ; il est également bon pour les blessures, et il détruit les poux sur les hommes et les animaux.

Remèdes pour les poux

Les remèdes pour détruire les poux sont très-nombreux : les feuilles de tabac, de noyer, tiges d'artichaut, d'absinthe, graines de staphisaigre coque du Levant.

L'onguent mercuriel est peut-être le plus prompt, mais comme il peut avoir des résultats fâcheux, il est préférable de se servir des premiers remèdes, qui sont inoffensifs.

A l'exception de l'onguent mercuriel, toutes ces choses réduites en coction, ce qu'on obtient en les faisant bouillir longtemps, sont sûrement employées pour la destruction des poux.

Une seule de ces choses indiquées ci-dessus suffit pour obtenir ce résultat.

Une ou deux lotions suffisent.

Destruction des puces et insectes

Lorsque les chiens ou autres animaux sont dévorés par les puces ou par les poux, prenez une pincée de poudre de pyrèthre et frottez-en avec la main toutes les parties du corps en souffrance, puis au bout de quatre à cinq minutes brossez l'animal : les insectes morts ou engourdis tomberont par terre.

Remède contre les piqûres de guêpes

Les piqûres de guêpes sont très-douloureuses, cependant il est souvent difficile de s'en garantir ; quand un accident a lieu, mouillez du tabac à fumer et exprimez-en le jus sur la piqûre ; une demi-heure après toute douleur a cessé.

On se sert d'ammoniaque, mais l'action du tabac est plus prompte et plus radicale : la nicotine est une base très-énergique.

L'huile d'olive et le jus de persil sont des palliatifs, mais ne remplacent qu'imparfaitement des remèdes plus énergiques.

Traitement des ampoules

Lorsqu'après de longues marches, vous avez aux pieds des ampoules produites par le frottement de la chaussure, gardez-vous d'enlever l'épiderme.

Prenez une aiguille et du fil, traversez de part en part votre ampoule avec l'aiguille et laissez le fil sur place, il causera l'écoulement de la sérosité ; il fera l'effet d'un séton, et l'ampoule ne vous gênera pas pour marcher.

RECETTES POUR TOILETTE

Opiat dentifrice Mérigot

Cet opiat, le meilleur connu, a toutes les qualités nécessaires à la conservation des gencives, au rafraîchissement de la bouche et à la blancheur des dents.

Cet opiat se compose comme suit :

Os desséché porphyrisé. . .	250 grammes.
Ratanhia id.	45 grammes.
Essence de menthe anglaise. .	25 grammes.
Cochenille porphyrisée. . .	30 grammes.
Crème de tartre id. . .	180 grammes.
Miel de Narbonne épuré. . .	600 grammes.
Eau distillée de menthe. . .	200 grammes.

Broyez la cochenille avec la crème de tartre et un peu d'eau.

Ajoutez le miel et les autres substances, qui doivent former l'épaisseur d'une pommade ordinaire.

On peut mettre dans cet opiat différents parfums, mais rien ne peut remplacer la menthe anglaise.

Poudre pour nettoyer les dents

Alun. . . . . un gros.
Cochenille. . . . . un gros.
Crème de tartre. . . . . . . deux onces.
Le tout porphyrisé.

Pour parfum : menthe anglaise, rose, iris.

Eau de Botot pour la bouche

L'eau de Botot parfume et rafraîchit la bouche; elle se compose comme suit :

Eau-de-vie forte. . . . . . . 1 litre.
Anis vert. . . . . 1 once.
Girofle. . . . . 2 gros.
Cannelle. . . . . 2 gros.
Essence de menthe. . . . . . 1 gros.
Sommité de cresson de parc desséché.

Laisser le tout macérer pendant un mois dans un vase bien fermé, puis filtrer pour tirer au clair.

Colorer avec cochenille et alun, 18 grains de chaque.

Cirage pour chaussures

Ce cirage est très-bon, il reluit promptement et ne brûle pas la chaussure ; il se compose comme suit :

Vitriol.	30 grammes.
Noir d'ivoire.	90 grammes.
Huile d'olive.	2 cuillerées à bouche.
Miel.	2 id.
Gomme arabique.	20 grammes.
Bière.	un litre.

On peut remplacer le miel par du sucre candi pulvérisé, quand le tout est bien mélangé, à l'exception du vitriol que l'on réserve à la fin pour opérer la fusion.

Cirage pour les harnais

Ce cirage donne du brillant et de la souplesse aux harnais ; il se compose comme suit :

Cire vierge coupée en petits morceaux,

250 grammes que l'on fait dissoudre ; 25 grammes d'essence de térébenthine.

Avant de mettre le cirage ainsi préparé, lavez les cuirs du harnais avec du savon noir, et lorsqu'ils sont secs, passez dessus votre cirage avec un morceau de drap.

Attendez 24 heures pour que le cirage soit sec, puis frottez avec du drap ; brossez ensuite et frottez avec un linge sec pour donner du lustre.

Procédé pour laver la flanelle sans qu'elle jaunisse

Mettez dans un bain chaud du savon blanc, de la gomme arabique en poudre, et lavez soigneusement la flanelle dans cette préparation ; rincez ensuite dans l'eau claire, opération qu'il est quelquefois utile de renouveler deux ou trois fois, selon que la flanelle a besoin d'être nettoyée.

Pour conserver la blancheur de la flanelle, passez-la dans une décoction de saponaire ; et pour conserver ses propriétés hygiéniques, passez-la de temps en temps au soufrage.

Procédé pour rendre les étoffes imperméables

Faites dissoudre dans un litre d'eau distillée quinze grammes de colle de poisson de Russie bien pure.

Faites fondre séparément dans un litre d'eau bouillante 30 grammes d'alun.

Faites fondre aussi séparément dans un demi-litre d'eau 30 grammes de savon blanc.

Filtrez séparément ces solutions et réunissez-les dans un vase que vous mettrez sur le feu.

Lorsque votre composition a jeté un bouillon, retirez-la du feu et trempez-y une brosse que vous passez sur l'envers de l'étoffe bien tendue sur une table.

L'étoffe étant séchée, brossez-la à contre-poils.

Enfin, passez sur votre étoffe une brosse trempée dans l'eau claire, afin d'enlever le lustre produit par l'application de la préparation.

Trois jours après l'opération, l'étoffe est sèche et imperméable à la pluie.

L'étoffe doit être séchée, étendue à plat et non suspendue ; elle doit être placée dans un lieu à l'abri du soleil.

Recette pour faire de bonne encre

Un paquet de nihiline de cinquante centimes dans deux tiers de litre d'eau bouillante.

Aussitôt faite, on peut se servir de l'encre.

TABLE DES MATIÈRES

Avant-Propos. V

LE BOEUF

Pot-au-feu. 5
Bœuf bouilli. 7
Bœuf à la mode. 8
Filets de bœuf aux champignons. 9
Entre-côte de bœuf grillée. 10
Entre-côte braisée. 10
Entre-côte Marseillaise. 11
Langue de bœuf. 11
Palais de bœuf à la Ménagère. 12
Gras-double à la Poitevine. 13

LE VEAU

Tête de veau bouillie. 15
Tête de veau en tortue. 16
Oreille de veau farcie. 17
Pieds de veau. 17

Pain de veau à la créole. 18
Fricandeau. 19
Quasi aux petits pois. 19
Tendrons à la poulette. 20
Escalopes de noix de veau. 21
Foie de veau à la poêle. 22
Ventre de veau à la paysanne. 22
Côtelettes en papillottes. 23
Rissoles de veau. 24
Ris de veau au blanc. 24
Côtelettes aux fines herbes. 25
Côteletttes grillées. 26
Filets à la Provençale. 26
Épaule à la bourgeoise. 27
Foie à l'Italienne. 27
Foie à la Provençale. 28
Cervelles à la poulette. 29
Rognons au vin blanc. 30

LE MOUTON

Gigot à la broche. 31
Gigot à l'anglaise. 31
Gigot braisé. 33
Gigot à l'ail. 33
Gigot à l'eau. 34
Haricot de mouton. 35
Carré à la bourgeoise. 36
Côtelettes à la Soubise. 36
Côtelettes à la jardinière. 37

Côtelettes grillées. 37
Pieds de mouton en ragoût. 38
Rognons à la brochette. 38
Carré d'agneau à la Périgord. 39
Agneau à la poulette. 39
Chevreau rôti. 40

LE COCHON

Jambon de Bayonne. 41
Cuisson du jambon pour être mangé froid. 42
Fromage de cochon à la Limousine. 43
Pieds à la Sainte-Ménéhould. 44
Langue fumée et fourrée. 44
Boudin noir. 45
Boudin blanc. 46
Andouilles à la paysanne. 47

VOLAILLES DE BASSE-COUR.

Dindon à la broche. 49
Dinde en daube. 50
Fricassée de poulet au blanc. 50
Poulet au roux à la paysanne. 51
Poulet à la Tartare. 52
Poulet Marengo. 53
Dinde aux truffes. 53
Fricassée de poulet promptement faite. 55
Sauté de poulet. 55

LE CANARD

Canard aux navets. 56
Canard aux olives. 57
Canard à l'italienne. 58
Canneton aux petits pois. 58

LE PIGEON

Pigeonneau rôti. 60
Pigeon à la crapaudine. 61
Pigeon en compote. 61
Pigeon à la Saint-Lambert. 62

CONSERVES D'OIE OU DE CANARD

Conserves à la Poitevine. 63
Cuisson des conserves. 63

GIBIER A POILS

LE LIÈVRE

Lièvre rôti à la broche. 65
Lièvre à la Royale. 66
Civet de lièvre. 68
Ragoût de lièvre. 69

Pâté de lièvre en terrine. 70
Levraut au chasseur. 71

LE CHEVREUIL

Gigot de chevreuil. 71

LE LAPIN

Giblotte de lapin. 73
Lapin à la broche. 74
Lapereau à la poulette. 75
Lapereau à la Marengo. 75
Matelotte de lapin. 76

GIBIER A PLUMES

Faisan à la broche. 77
Perdreau rôti. 78
Perdrix aux choux. 79
Perdrix à la ménagère 80

CAILLE, GRIVE, ALOUETTE.

Caille à l'étuvée. 82

BÉCASSE ET BÉCASSINE.

Salmis de gibier. 83

CANARD SAUVAGE, SARCELLE

POISSONS DE MER

Le Turbot. 86
La Barbue. 87
La Sole. 88
Merlan, Rouget. 89

POISSONS D'EAU DOUCE

CARPES

Carpe au bleu. 90
Carpe, matelotte, marinière. 91
Carpe à la Chambord. 91

ANGUILLES

Anguille d'eau douce. 92
Anguille à la Tartare. 92
Bouillabesse à la Delaie. '. 93

LA MORUE

Morue à la maître d'hôtel. 95
Morue à la Béchamel. 96
Morue à la Hollandaise. 96
Morue au fromage. 97

Coquille au champignons. 98
Croquettes de poisson. 98
Ecrevisses. 99
Escargots. 101
Cuisses de grenouille. 102

RECETTES POUR SAUCES

Sauce chevreuil. 103
Sauce piquante. 104
Sauee blonde. 104
Sauce Béchamel. 105
Sauce blanche. 105
Sauce Nantaise. 105
Jus ou Coulis pour sauces. 106

DE L'ŒUF

Gâteau d'œufs. 108
Œufs brouillés. 109
Omelette soufflée. 109
Œufs à la tripe. 110
Œufs en mattelote. 111
Œufs farcis. 111
Œufs pochés. 112
Œufs au lait. 113
Œufs au lait, renversés. 113
Sauce aux œufs 114

LÉGUMES

Petits pois. 116
Fèves à la bourgeoise. 116
Haricots verts. 117

Haricots blancs nouveaux. 118
Choux farcis. 118
Choux de Bruxelles. 119
Artichaut à la Barigoule. 119
Asperges à la sauce blanche. 120
Concombres farcis. 120
Navets au sucre. 121
Ragoût de carottes. 121
Betteraves. 122
Salsifis et Scorsonères 122
Pommes de terre. 123

CHAMPIGNONS

Champignons farcis. 126
Champignons à la bourgeoise. 127
Croûte aux champignons. 128
Empoisonnement par les ustensiles de cuisine en cuivre. 128
Contre-poison. 129

POTAGES MAIGRES ET GRAS

Potage à la Julienne. 130
Bisque d'écrevisses. 131
Potage au potiron et tomates. 131
Soupe à la citrouille. 132
Potage aux carottes. 133
Potage de potiron en purée. 133
Potage au potiron. 134

DESSERT, CONFITURES

Gelée de groseilles. 135
Confituré de framboises. 136
Confiture de fraises. 136
Confiture de cerises. 137
Confiture de poires. 137

COMPOTE ET MARMELADE

Compote d'abricots. 139
Compote de poires. 139
Compote de prunes. 140
Pêches glacées. 141
Marmelade d'abricots. 141
Marmelade de prunes Reine-Claude. 142
Gelée de raisin muscat. 143
Raisiné de Bourgogne. 143
Compote de fraises. 144

LIQUEURS ET DESSERT

Prunes à l'eau-de-vie. 145
Cerises à l'eau-de-vie. 146
Ratafia de coings. 146
Liqueur de noyaux. 147
Brou de noix. 147
Crème d'angélique. 148

Liqueur de cassis. 148
Curaçao. 149
Anisette. 149
Ratafia de Genièvre. 150
Ratafia de fleur d'oranger. 150

Cornichons verts et fermes. 152
Façon et conservation du verjus. 153
Collage des vins rouges. 154
Réflexions sur le collage des vins rouges et blancs. . 155
De l'emploi des vins à table. — Manière de servir. . 156

DIFFÉRENTES RECETTES BONNES A CONNAITRE

Baume sympathique. 159
Collyre pour maladie des yeux. 160
Pierre divine. Remède pour blessures vieilles et nouvelles. 161
Manière d'employer l'eau verte. 163
Remède contre la rage — Doses à donner à jeun. — Conditions à suivre. 163
Remède contre la dyssenterie. 166
Composition du remède. 167
Remède facile à faire pour blessures. 168
Remède contre le ténia et autres vers. 168
Vermifuge pour les enfants. 169
Eau vésicante pour chevaux. — Traitement des molettes et vessigons. 170

Frictions pour vessigons des chevaux. 171
Remède très-doux pour réduire les capelets. 171
Remède contre la gale des chiens. 172
Autre remède contre la gale. 173
Purgatif pour chiens. 174
Remèdes pour pattes échauffées. 174
Remède Bobœuf. 175
Remède pour les poux. 175
Destruction des puces et insectes. 176
Remède contre les piqûres de guêpes. 176
Traitement des ampoules. 177

RECETTES POUR TOILETTE

Opiat dentifrice Mérigot. 178
Poudre pour nettoyer les dents. 179
Eau de Botot pour la bouche. 179
Cirage pour chaussures. 180
Cirage pour les harnais. 180
Procédé pour laver la flanelle. 182
Procédé pour rendre les étoffes imperméables. 183
Recette pour faire de bonne encre. 184

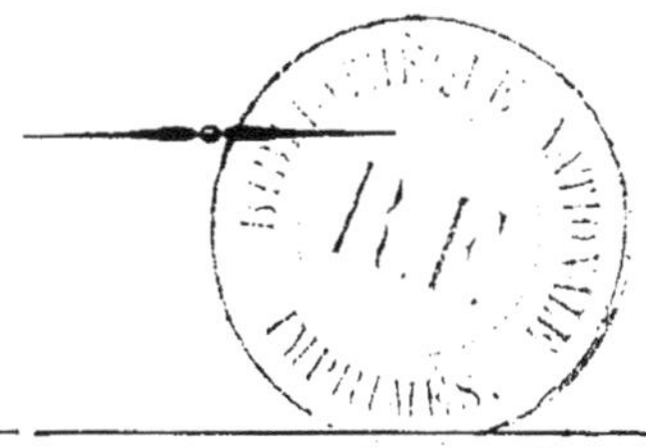

POITIERS. — IMPRIMERIE DE OUDIN FRÈRES.

www.ingramcontent.com/pod-product-compliance
Ingram Content Group UK Ltd.
Pitfield, Milton Keynes, MK11 3LW, UK
UKHW020553180726
13838UKWH00001B/218